Kooperatives Lernen
im Deutschunterricht

10 Methoden aus der Praxis für die Praxis

Von Andreas Müller

Schöningh
westermann

westermann GRUPPE

© 2011 Bildungshaus Schulbuchverlage
Westermann Schroedel Diesterweg Schöningh Winklers GmbH
Braunschweig, Paderborn

www.schoeningh-schulbuch.de
Schöningh Verlag, Jühenplatz 1– 3, 33098 Paderborn

Druck A⁴ / Jahr 2018
Alle Drucke der Serie A sind im Unterricht parallel verwendbar.

Umschlaggestaltung: Nora Krull, Bielefeld
Druck und Bindung: westermann druck GmbH, Braunschweig

ISBN 978-3-14-018220-1

Inhaltsverzeichnis

Teil I: Theoretische Grundlagen

Teil II: 10 Kooperationsmethoden in der Praxis

Auf dieser Seite finden Sie ...
- eine gesellschafts-politische Begründung des kooperativen Lernens,
- sieben Vorteile von kooperativem Unterricht,
- eine Merkmalsdefinition von kooperativem Unterricht.

Was leistet kooperatives Lernen zur Verbesserung der Unterrichtspraxis?

Welche Veränderungen kommen auf Lehrerinnen und Lehrer zu?

In den vergangenen Jahren haben verschiedene Evaluationsstudien immer wieder auf Bildungsdefizite aufmerksam gemacht, die erfolgreiche gesellschaftliche und berufliche Partizipation erschweren. Besonders die PISA-Studie zeigte, dass bis zu 25 Prozent der Schülerinnen und Schüler in Deutschland sich aufgrund unzureichender Kenntnisse und Fähigkeiten in dieser prekären Lage befinden.

Mit kleinen und großen Schulreformen, mit der Einführung von Bildungsstandards, jahrgangsbezogenen Erwartungshorizonten und kompetenzorientierten Lehrplänen versucht die Bildungspolitik gegenzusteuern.

Für den Unterricht bedeutet dies mehr denn je, ...
1. dass er **einen Beitrag zur Lebens- und Berufsqualifikation** leisten muss.
2. dass er Angebote zur **Differenzierung und Individualisierung** machen muss.

Was leistet kooperatives Lernen zur Verbesserung der Unterrichtspraxis?

1. Kooperatives Lernen fördert die sozialen und personalen Kompetenzen.
2. Kooperatives Lernen individualisiert Unterricht und ermöglicht Differenzierung – unabhängig vom Stand der Schulreform oder der Schulart.
3. Kooperatives Lernen führt zu hoher Schüleraktivierung.
4. Kooperatives Lernen sorgt für eine Steigerung des Lernertrages.
5. Kooperatives Lernen orientiert sich an wenigen operationalisierbaren Prinzipien und hat eine durchgehende Grundstruktur. Das erleichtert Planung und Durchführung.
6. Kooperatives Lernen ist effizient und in der Unterrichtsvorbereitung für jede Lehrerin und jeden Lehrer ohne Überforderung machbar.
7. Kooperatives Lernen entlastet Lehrerinnen und Lehrer im Unterricht: Die Lehrerin/der Lehrer moderiert, die Schüler arbeiten.

Kooperatives Lernen ermöglicht also Kompetenzschulung im Unterrichtsalltag, weil es soziales Lernen (Teamfähigkeit, Hilfsbereitschaft, Respekt, ...) fördert und wünschenswerte personale Eigenschaften (Verantwortungsbereitschaft, Disziplin, Rücksichtnahme, ...) entwickelt. Kooperative Methoden leisten dies in symbiotischer Verbindung mit den Fachinhalten und ermöglichen so den Erwerb fachlicher Kompetenzen.

Wie sieht ein kooperatives Unterrichtskonzept aus?

Kooperatives Lernen ist **soziales Lernen** durch Arbeit in vielfältigen Gruppen in **gegenseitiger positiver Abhängigkeit**. Dabei unterstützen sich die Schülerinnen und Schüler, arbeiten zielgerichtet und aufeinander bezogen. **Die persönliche Verantwortung für das Lernergebnis** wird in der Reflexion durch die Gruppe thematisiert, wobei sowohl der Lernertrag als auch die Kooperation selbst zum Gegenstand der Bewertung wird.

Den Kern des kooperativen Unterrichts stellen Methodenarrangements dar. Das durchgehende Strukturierungsprinzip aller Methoden ist der Dreischritt **„Think-Pair-Share"**.

Jeder Schüler/jede Schülerin erarbeitet sich im ersten Schritt (**„Think"**) eigene Vorstellungen oder eigene Kenntnisse und bringt diese als seine/ihre Vorleistung in die Gruppe ein.

In einem zweiten Schritt werden die individuellen Konstrukte im Gruppendiskurs vorgestellt, diskutiert, abgeglichen und weitergeführt (**„Pair"**). In dieser Phase wird kooperatives Lernen durch seine Diskurskonzeption in besonderem Maße als Demokratie-Lernen wirksam.

Im dritten Schritt werden die Gruppenergebnisse präsentiert und der Außenbeurteilung durch die Klasse zugeführt (**„Share"**). Fremd- und Selbstevaluation erlauben Aussagen über den Lernerfolg einzelner Schülerinnen und Schüler, über die Qualität des Unterrichts; sie bestimmen die inhaltlichen und sozialen Zielsetzungen der nächstfolgenden kooperativen Unterrichtssequenz.

Was leistet kooperatives Lernen zur Differenzierung und Individualisierung von Unterricht?

Claudia Solzbacher und Ingrid Kunze stellen auf der Grundlage einer von ihnen durchgeführten empirischen Studie fest, dass viele Lehrer individuelle Förderung zwar als Bereicherung betrachten und sie als Notwendigkeit sehen, um bessere Schülerleistungen zu erreichen. Aber zugleich ist unter Lehrerinnen und Lehrern die große Angst vor Überforderung und Belastung verbreitet, gekoppelt an ein Gefühl der eigenen Inkompetenz mit nachhaltigen Folgen für das Selbstbewusstsein der Betroffenen.

Die Angst, in der Differenzierungsarbeit zu versagen, ist nicht unbegründet. Denn zum einen wird man es in Zukunft verstärkt mit einer heterogenen Schülerschaft zu tun haben, die sich in ihrer Leistungsbereitschaft, in ihrer Leistungsfähigkeit und in ihren Werteorientierungen weit unterscheidet. Differenzierung und Individualisierung werden zu durchgehenden Unterrichtsprinzipien, die zwingend beachtet sein wollen, wenn Unterricht den Lernerfolg einer solch heterogeneren Gruppe nachhaltig sichern will.

Zum anderen setzen sich Lehrerinnen und Lehrer nicht selten mit zu hohen Ansprüchen unter Druck, zumal dann, wenn sie sich an einem akademisch fundierten Individualisierungsbegriff orientieren, der in der Praxis nicht einzulösen ist. Differenzierung kann nicht bedeuten, für jeden Schüler und jede Schülerin eine individuelle Eingangsdiagnostik zu erstellen und daraus ein eigenes, auf das persönliche Profil zugeschnittenes Förderinstrumentarium zu entwerfen. Solchen Luxus können private Hauslehrer realisieren. Wer jedoch als Fachlehrer 200 oder mehr Schüler in der Woche unterrichtet, hat keine Chance, mit einem solchen Differenzierungssystem klarzukommen.

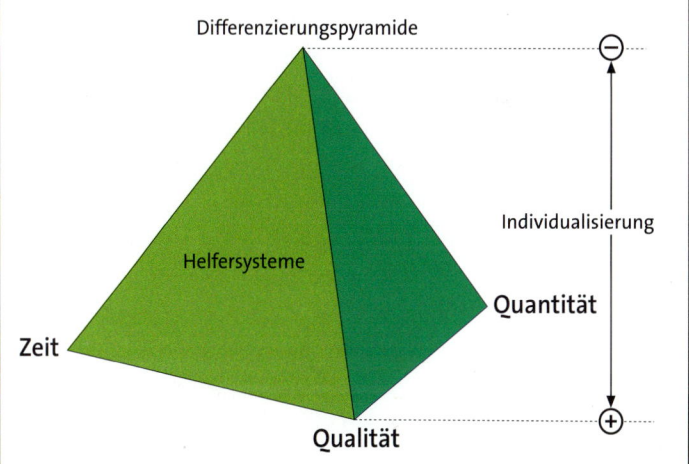

Jeder Weg hin zu mehr Individualisierung wird nur gegangen werden, wenn er praxis- und alltagstauglich ist. Ziel ist nicht individueller Unterricht. Das ist auch nicht die Aufgabe des Lehrers, der gehalten ist, Gruppen zu unterrichten. Ziel ist es, im Unterricht Möglichkeiten zur und Freiräume für Individualisierung zu schaffen.

Dem kooperativen Lernen liegt deshalb ein einfaches dreidimensionales Differenzierungsmodell zugrunde, in dessen Grenzen jeder Schüler verortet werden kann und in dessen Grenzen jeder Schüler in Abstimmung mit seiner Lerngruppe Freiraum findet, sein Lernen in den Dimensionen Zeit, Qualität und Quantität zu individualisieren. Die personalen und sozialen Kompetenzen, die kooperatives Lernen vermittelt, werden dabei von jedem Schüler erworben; sie werden jedoch auf unterschiedlichen Fachniveaus geübt und angewendet.

Alle Kooperationsmethoden dieses Buches individualisieren den Unterricht entlang der drei Achsen der Differenzierungspyramide. Die Individualisierung in der Lernzeit wird zum Beispiel deutlich im Lerntempoduett, wenn die schnellen Lerner früh in die Abgleichsphase eintreten und sich mit ihren bereits geprüften Arbeitsergebnissen langsameren Schülern als Lernpartner anbieten. Jede Kooperationsmethode ermöglicht es der Lerngruppe, Arbeitsumfang und Arbeitsanspruch so aufzuteilen, dass die Leistungsstärkeren mehr schultern und so Verantwortung für das gemeinsame Lernen und den Lernerfolg der Gruppe übernehmen. Das funktioniert in Schülergruppen ganz selbstverständlich und ohne akademische Eingangsdiagnostik, da Schüler ihre Mitschüler kennen und abschätzen können, was jeder zu leisten imstande ist.

Auf dieser Seite finden Sie ...
- ein praxisrelevantes Differenzierungsmodell.

Ingrid Kunze, Claudia Solzbacher (Hrsg.): Individuelle Förderung in der Sekundarstufe I und II, Schneider Verlag, Baltmannsweiler 2009, S. 27 ff.

Auf dieser Seite finden Sie ...
- eine Auswahl von sozialen Kompetenzen, die mit kooperativen Methoden trainiert werden,
- einen Vorschlag zur Vorgehensweise,
- ein einfaches Kompetenzmodell, das der Konzeption des Buches zugrunde liegt.

Drei Tipps für die Auswahl von Sozialzielen

1. Tipp:
Setzen Sie in jeder Unterrichtssequenz nur einen sozialen Kompetenzschwerpunkt und machen Sie diesen transparent.

2. Tipp:
Reflektieren Sie mit Ihren Schülerinnen und Schülern am Ende der Sequenz den zuvor gesetzten sozialen Lernschwerpunkt. Dazu können im strukturierten Unterrichtsgespräch die einzelnen Teams Stellung nehmen. Sie können aber auch mit dem hier vorliegenden Reflexionsbogen (siehe Seite 14) arbeiten.

3. Tipp:
Protokollieren Sie bereits trainierte Sozialkompetenzen und entwickeln Sie ein entwicklungsadäquates Klassencurriculum.

David W. Johnson, Roger T. Johnson, Edythe Johnson Holubec: Kooperatives Lernen – Kooperative Schule. Tipps, Praxishilfen, Konzepte, Verlag an der Ruhr, Mülheim a. d. Ruhr 2005, S. 129 ff.

Welchen Beitrag leistet kooperatives Lernen zum Kompetenzerwerb?

Welche sozialen Kompetenzen können im Unterricht trainiert werden?

Kooperatives Lernen ist soziales Lernen: Trainiert wird „Teamfähigkeit", eine Schlüsselkompetenz für Erfolg im privaten Alltag, in der Schule und im Beruf. Mit dem Begriff „Teamfähigkeit" ist eine Endqualifikation gemeint. Um diese zu erreichen, müssen unterschiedliche Teilkompetenzen eingeübt werden. Die hier vorliegende Auswahl folgt im Wesentlichen den Vorschlägen, die Johnson, Johnson und Holubec machen.

Sozialziele-Katalog:
- leise und rücksichtsvoll Gruppen bilden und Bänke rücken,
- Arbeitsmaterial selbstständig bereitlegen,
- in der Gruppe bleiben und nicht in der Klasse herumlaufen,
- in angemessener Lautstärke miteinander kommunizieren,
- in der Gruppe mitarbeiten,
- respektvoll, ohne persönliche Angriffe in der Gruppe kommunizieren,
- wertschätzende Rückmeldungen geben,
- face to face-Kommunikation,
- alle Gruppenmitglieder in die Arbeit miteinbeziehen,
- um Hilfe bitten und Hilfe gewähren,
- Gruppenmitglieder informieren und sich selbst informieren lassen,
- nachfragen, wenn man etwas nicht verstanden hat,
- sachlich kritisieren und Kritik anderer annehmen,
- Arbeitsaufträge gewissenhaft erledigen,
- sich in die Arbeitsplanung einbringen und sich in der Gruppe an abgesprochene Vereinbarungen halten,
- sich auf die Präsentation der Gruppenergebnisse vorbereiten.

Wie gehe ich am besten vor?

1. Schritt: Zieltransparenz in Bezug auf den sozialen Kompetenzschwerpunkt schaffen
Das ist unser Schwerpunkt heute .../Darauf wollen wir heute besonders achten ...

2. Schritt: Zielidentifikation schaffen
Warum ist es wichtig, sich so zu verhalten?/Welche Vorteile hat ein solches Verhalten im Alltag, im Beruf, in der Schule?

3. Schritt: Kompetenzschwerpunkt erläutern und gemeinsam nach Operatoren suchen
Was verstehst du darunter?/Woran erkennst du, dass sich jemand so verhält?/Was kann ich beobachten (sehen, hören), wenn sich jemand so verhält?

4. Schritt: Training im gewählten kooperativen Arrangement

5. Schritt: Reflektieren des sozialen Zieles (zum Beispiel durch strukturiertes Unterrichtsgespräch oder mithilfe eines Reflexionsbogens)

Kompetenzmodell des kooperativen Lernens

Handlungskompetenz
=

Fachkompetenzen		
Erschließungskompetenzen	Beurteilungskompetenzen	Präsentationskompetenzen

+

Soziale Kompetenzen

Schaubild „Kompetenzmodell"

Auf dieser Seite finden Sie ...
● eine schematische Darstellung der wichtigsten Elemente des kooperative Lernens.

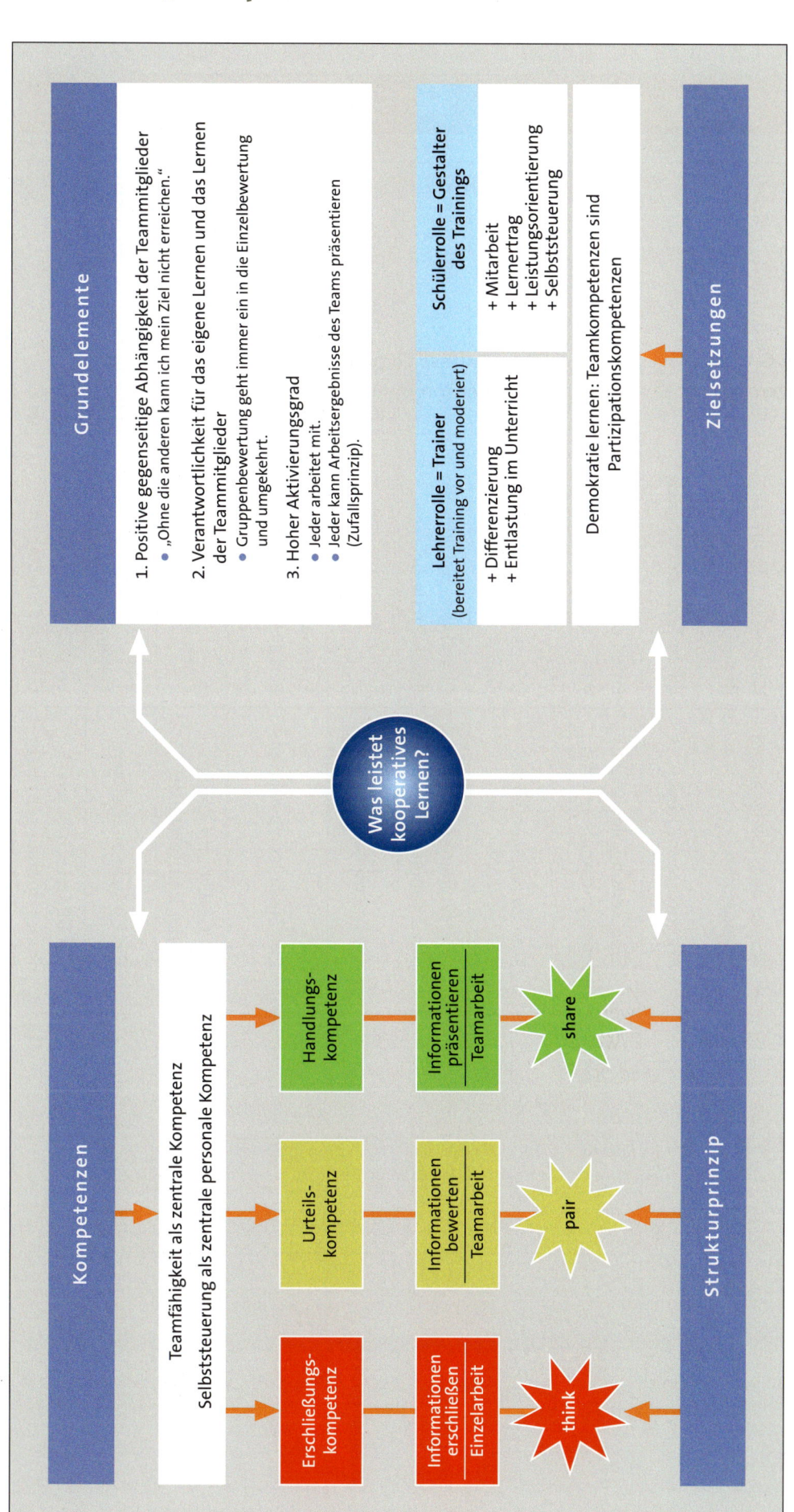

Grundelemente

1. Positive gegenseitige Abhängigkeit der Teammitglieder
   ● „Ohne die anderen kann ich mein Ziel nicht erreichen."

2. Verantwortlichkeit für das eigene Lernen und das Lernen der Teammitglieder
   ● Gruppenbewertung geht immer ein in die Einzelbewertung und umgekehrt.

3. Hoher Aktivierungsgrad
   ● Jeder arbeitet mit.
   ● Jeder kann Arbeitsergebnisse des Teams präsentieren (Zufallsprinzip).

Lehrerrolle = Trainer
(bereitet Training vor und moderiert)

+ Differenzierung
+ Entlastung im Unterricht

Schülerrolle = Gestalter des Trainings

+ Mitarbeit
+ Lernertrag
+ Leistungsorientierung
+ Selbststeuerung

Demokratie lernen: Teamkompetenzen sind Partizipationskompetenzen

Zielsetzungen

Was leistet kooperatives Lernen?

Kompetenzen

Teamfähigkeit als zentrale Kompetenz

Selbststeuerung als zentrale personale Kompetenz

Handlungs-kompetenz

Informationen präsentieren
Teamarbeit

share

Urteils-kompetenz

Informationen bewerten
Teamarbeit

pair

Erschließungs-kompetenz

Informationen erschließen
Einzelarbeit

think

Strukturprinzip

Auf dieser Seite finden Sie ...
- integrative Unterrichtsbeispiele zu den Bildungsstandards des Faches Deutsch.

Wie kann die Methode in der Praxis eingesetzt werden?

KOMPLEXITÄT +

Kooperative Methode	Thema	Kompetenzbereich: Lesen	Kompetenzbereich: Reflexion über Sprache	Kompetenzbereich: Schreiben
1. Lerntempoduett	Das Zeitalter der Saurier	Fragen entwickeln/Fragen beantworten	Konjunktiv I/indirekte Rede	Einen Lexikontext verfassen
2. Partnerpuzzle	Schuluniform, ja oder nein?	Argumente sammeln	Einen Text überarbeiten	Einen Forenbeitrag verfassen
3. Venn-Diagramm	Das letzte Schulfest	Eine Zeitungsnachricht lesen und analysieren	Einen Bericht überarbeiten	Von der Nachricht zum Bericht
4. Partner-Check	Schiller: Der Handschuh	Eine Ballade verstehen	Präsens oder Präteritum? Die passende Verbform bilden	Eine Inhaltsangabe zu einer Ballade verfassen
5. Einer bleibt – drei gehen	Borchert: Nachts schlafen die Ratten doch	Charaktereigenschaften beschreiben	Charaktereigenschaften durch Zitate belegen	Eine Charakteristik verfassen
6. Gruppenpuzzle	Brauchen wir ein Gesetz gegen Kinderlärm?	Argumente sammeln	Eine Argumentation überarbeiten	Eine Argumentation entwerfen
7. Placemat	Sich erfolgreich bewerben	Ein Gespräch auswerten	Ein Bewerbungsanschreiben analysieren und bewerten	Ein Informationsgespräch vorbereiten
8. Drei-Schritt-Interview	Literaturgeschichte – Expressionismus	Ein Gedicht im Kontext seiner Zeit verstehen	Einen Vortrag vorbereiten	Ein Protokoll verfassen
9. Graffiti-Methode	Rilke: Der Panther	Ein Gedicht analysieren	Eine Textanalyse überarbeiten	Eine Textanalyse verfassen
10. Galerie-Gang	Rousseau: Der Traum	Ein Bild beschreiben – Informationen sammeln	Vom Satz zum Stichwort: Ein Plakat gestalten	Eine Plakatskizze entwerfen

Welche Kooperationsmethode passt in meine Unterrichtsplanung?

Wenn meine Schülerinnen und Schüler …

A Ideen entwickeln und abgleichen sollen, dann arbeite ich mit folgenden Kooperationsmethoden:

- Venn-Diagramm
- Placemat
- Drei-Schritt-Interview
- Lerntempoduett
- Graffiti

B Informationen erschließen und abgleichen sollen, dann arbeite ich mit folgenden Kooperationsmethoden:

- Partnerpuzzle
- Venn-Diagramm
- Lerntempoduett
- Gruppenpuzzle
- Placemat
- Drei-Schritt-Interview
- Galerie-Gang
- Einer bleibt – drei gehen

C Argumentationen entwickeln sollen, dann arbeite ich mit folgenden Kooperationsmethoden:

- Placemat
- Venn-Diagramm
- Graffiti
- Drei-Schritt-Interview

D üben sollen, dann arbeite ich mit folgenden Kooperationsmethoden:

- Partner-Check
- Lerntempoduett

Ablauf einer kooperativen Unterrichtssequenz

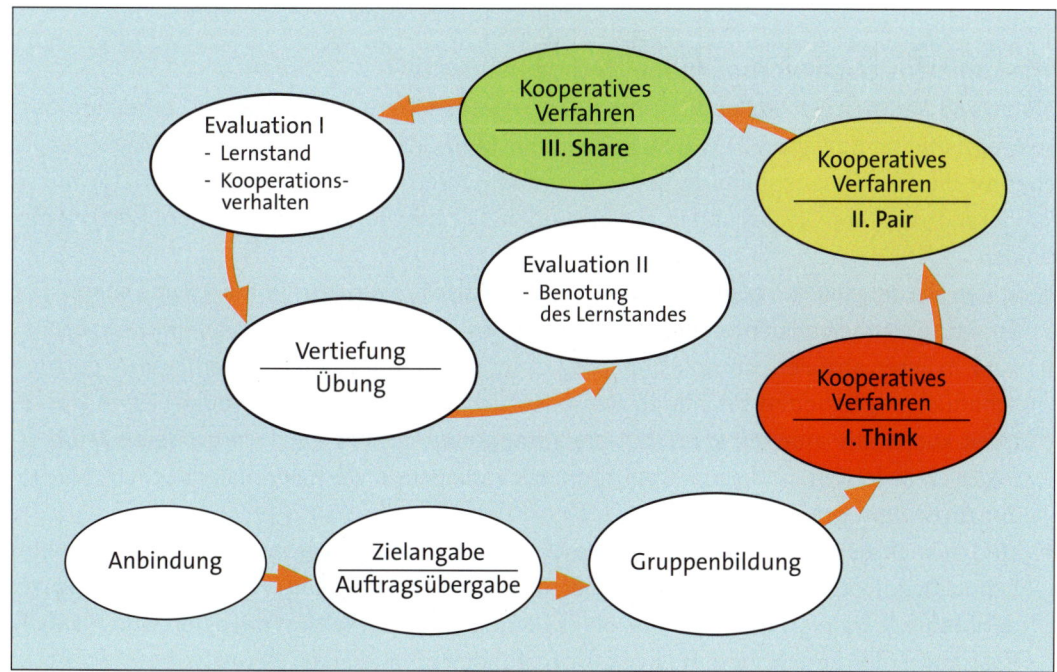

Auf dieser Seite finden Sie …
- eine Klassifizierung der vorliegenden Kooperationsmethoden,
- eine Ablaufskizze zur Unterrichtsplanung.

Weitere Kooperationsmethoden zu A:
- 4 Corners
- Round table
- Team interview
- Give and get
- 4 s Brainstorming
- Fishbowl
- Kugellager (inside-outside-circle)

Weitere Kooperationsmethoden zu B:
- Send a problem
- Kugellager (inside-outside-circle)
- Fishbowl

Weitere Kooperationsmethoden zu D:
- Team test taking
- Gruppenturnier

Kurze Beschreibungen dieser Kooperationsmethoden finden Sie bei:
Norm Green, Kathy Green: Kooperatives Lernen im Klassenraum und im Kollegium. Das Trainingsbuch, Kallmeyersche Verlagsbuchhandlung, Seelze-Velber 2005, S. 126 ff.

Auf dieser Seite finden
Sie ...
- vier Tipps, wie eine
  neue Methode im
  Unterricht einge-
  führt werden kann,
- eine didaktische
  Begründung der
  vorliegenden
  Methodenauswahl.

Wie kann ich eine neue Kooperationsmethode im Unterricht einführen?

Was unterscheidet Kooperationsmethoden von herkömmlichen Methoden?

Methoden sind kein Selbstzweck, sondern dienen dem Erreichen fachlicher Ziele. Methoden müssen folglich zu Bildungsinhalten, zu Bildungszielen und zur Lerngruppe in möglichst optimaler Passung stehen. Dies gilt auch für Kooperationsmethoden. Mit einer Erweiterung allerdings: Bei Kooperationsmethoden ist das soziale Lernen expliziter Zweck der Methode selbst. Die Betonung des Kooperationsaspektes stellt damit eine Weiterentwicklung und Professionalisierung des bekannten Methodenrepertoires dar.

Wie kann die Methode im Unterricht implementiert werden?

Damit es gelingt, die komplexen sozialen Arrangements, wie sie jeder der hier vorgestellten Kooperationsmethoden zugrunde liegen, im Unterricht sinnstiftend nutzbar zu machen, sollten Sie vier Tipps beachten:

1. Nachdem die Methode erstmalig angewendet wurde, sollten Sie die Implementierungsphase ausweiten: Üben Sie die Methode mindestens dreimal ein. Dabei ist es sinnvoll, progressiv vorzugehen und die Inhalte anspruchsvoller werden zu lassen. Dieses Verfahren garantiert Ihnen und Ihren Schülerinnen und Schülern zunehmende Vertrautheit mit der Methode.
2. Nur wenn Sie die kooperative Methode über die Implementierungsphase hinaus regelmäßig trainieren, wird sie zum Inventar einer neuen Unterrichtskultur.
3. Trennen Sie die Arbeitsanweisungen von der Erklärung des Methodenarrangements. So schaffen Sie zwei klar voneinander getrennte Bezugssysteme, die Ihren Schülerinnen und Schülern Orientierung und Verstehen erleichtern. Dazu finden Sie für jede Methode im entsprechenden Kapitel eine Kopiervorlage, mit der Sie arbeiten können.
4. Achten Sie darauf, den Methodenablauf nicht als geschlossenen Theorieteil der Unterrichtssequenz voranzustellen. Dies führt in der Regel zu einer unangemessenen Methodendominanz – einer Gefahr, der besonders in der Einführungsphase neuer Methoden zu begegnen ist. Arbeiten Sie stattdessen mit der oben genannten Kopiervorlage: Stellen Sie die drei Kooperationsphasen sukzessive vor (Abdecktechnik) und schaffen Sie so vor jeder Phase Zieltransparenz. Sobald Ihre Schülerinnen und Schüler mit der Methode hinreichend vertraut sind, können Sie das Verfahren vereinfachen und zu Beginn der Sequenz den kompletten Kooperationsablauf transparent machen.

Wie kommt es zu der vorliegenden Methodenauswahl?

Norm und Kathy Green stellen in ihrem grundlegenden Werk „Kooperatives Lernen im Klassenraum und im Kollegium" etwa 50 kooperative Methoden vor. Ein Teil dieser Methoden ist eher für die Erwachsenenbildung gedacht und im Unterricht aufgrund ihrer Struktur nur in kooperationsgeübten Lerngruppen zu verwenden. Die hier vorliegenden 10 Kooperationsmethoden ...

- folgen alle der gleichen zugrunde liegenden dialektischen Struktur (think – pair – share). Die Strukturgleichheit erleichtert den schnellen professionellen Umgang mit den Methoden.
- sind in ihrer sozialen Komplexität progressiv angeordnet: von den einfachen partnerschaftlichen Methoden bis hin zu den anspruchsvolleren Teammethoden. Denn wer zu zweit kooperativ arbeiten kann, hat die Voraussetzung, dies auch im größeren Team erfolgreich zu leisten. In diesem Sinn kann das vorliegende Werk durchaus auch als Methodencurriculum gelesen werden.
- sind ausnahmslos in unterschiedlichen Lerngruppen praxiserprobt und funktionieren im Schulalltag. Notwendige soziale Kompetenzen der Teamfähigkeit werden im Umgang mit der Methode trainiert und im Sinne eines heuristischen Zirkels im nächsten Durchlauf als Basiskompetenz auf höherem Niveau vorgefunden.

Norm Green, Kathy Green: Kooperatives Lernen im Klassenraum und im Kollegium. Das Trainingsbuch, Kallmeyersche Verlagsbuchhandlung, Seelze-Velber 2005, S. 126 ff.

Wie plane ich eine kooperative Unterrichtssequenz?

Bausteine einer kooperativen Sequenz

Baustein 1: Welche fachliche Kompetenz soll vermittelt werden?

Baustein 2: Welche soziale Kompetenz soll Schwerpunkt der kooperativen Sequenz sein?

Baustein 3: Welche Methode eignet sich, um diese Ziele zu erreichen?

Baustein 4: Wie werden persönliche Verantwortung, positive gegenseitige Abhängigkeit und Differenzierung realisiert?

Baustein 5: Wie soll die Gruppenbildung erfolgen? Wie soll die Sitzordnung aussehen?

Baustein 6: Wie stelle ich Zieltransparenz her?

Baustein 7: Wie stelle ich Zielidentifikation her (Begründung der Zielsetzung)?

Baustein 8: Welches Material setze ich in den drei kooperativen Phasen ein?

Think:

Pair:

Share:

Baustein 9: Welche Arbeitsanweisungen und Zeitvorgaben gebe ich?

Think:

Pair:

Share:

Baustein 10: Welche Reflexionsschwerpunkte setze ich?

Baustein 11: Was hat besonders gut funktioniert?

Baustein 12: Welche Sequenzoptimierungen will ich vornehmen?

Auf dieser Seite finden Sie ...
- einen Planungsbogen für eine kooperative Sequenz.

Die zwölf Bausteine helfen Ihnen, eine kooperative Unterrichtssequenz zu planen. In der Planungsphase sollten Sie versuchen, Antworten zu den ersten zehn Bausteinen zu finden. Da Unterricht ein dynamischer Prozess ist, der kontinuierlicher Optimierung bedarf, sollten Sie nach der Durchführung die beiden letzten Bausteine zur Reflexion Ihrer Arbeit benutzen.

Auf dieser Seite finden Sie ...
- einen Reflexions- und Bewertungsbogen für kooperative Teamarbeit.

Wie reflektiere und bewerte ich kooperative Arbeitsprozesse?

Bewertungsbogen „Teamarbeit"

A Wie gut arbeite ich im Team? Name: _____ (Diesen Teil füllt jeder für sich aus.)	☺	☺	☹
Ich habe zugehört, wenn andere ihre Arbeitsergebnisse in der Gruppe vorgetragen haben.			
Ich habe anderen geholfen.			
Bei Problemen habe ich um Hilfe gebeten.			
Ich bin rücksichtsvoll und freundlich mit anderen umgegangen.			
Ich habe sachlich Kritik geübt und habe auch die Kritik anderer akzeptiert.			
Ich habe mich diszipliniert und leise benommen.			
Ich hatte mein Arbeitsmaterial vollständig dabei.			
Ich habe mich gründlich um meine Arbeitsaufträge gekümmert.			
Ich hatte in der Einzelarbeit keine Probleme mit den Aufgabenstellungen.			
Ich habe dem Team meine Arbeitsschritte und Arbeitsergebnisse vorgestellt und mich an der Diskussion beteiligt.			
Ich habe verstanden, was die anderen Teammitglieder vorgestellt haben.			
Ich habe mich auf die Präsentation der Arbeitsergebnisse meines Teams vorbereitet.			

Das will ich bei der nächsten Teamarbeit besser machen:

_____

_____

B Wie erfolgreich war unser Team? (Diesen Teil füllt das Team gemeinsam aus.)	☺	☺	☹
Wir haben uns untereinander abgesprochen.			
Wir haben uns gegenseitig geholfen.			
Wir haben gefragt, ob jeder das Thema verstanden hat.			
Wir sind freundlich miteinander umgegangen.			
Wir haben diszipliniert gearbeitet und waren leise.			
Wir haben Fehler ohne persönliche Angriffe kritisiert.			
Wir haben uns an die einzelnen Schritte der Methode gehalten.			
Wir konnten in der vorgegebenen Zeit unsere Arbeitsziele erreichen.			
Das wollen wir in der nächsten Teamarbeit besser machen:			

_____

Der Reflexionsbogen kann altersangemessen in den Aussagen vereinfacht werden. Items können gestrichen werden, Schwerpunkte (soziales Lernen, stoffbezogenes Lernen) können neu gesetzt werden. Was Sie im Einzelnen tun, hängt von den pädagogischen Zielsetzungen ab, die Sie Ihrer kooperativen Lernsequenz zugrunde legen.

Was wünsche ich mir von meinem kooperativen Unterricht?

Bevor Sie mit der praktischen Umsetzung des kooperativen Lernens loslegen, sollten Sie sich einen Moment Zeit nehmen, um über Ihre Beweggründe und Erwartungen nachzudenken. Die folgenden Fragen sollen Ihnen dabei helfen.

- Wie haben Sie selbst Gruppenarbeit bislang erlebt? Vergleichen Sie Ihre Erfahrungen mit den Schüleräußerungen.
- Was würde ich gerne über meinen Unterricht hören? Wählen Sie drei Schüleräußerungen aus.
- Warum ist es mir wichtig, dass Schüler so über meinen Unterricht denken?

Auf dieser Seite finden Sie ...
- Schüleräußerungen zum kooperativen Lernen. Mit den Aussagen können Sie sich über Ihre eigenen Erwartungen an kooperatives Lernen klar werden.

„Bei dieser Methode kann man seine eigenen Ideen aufschreiben und mit den Gruppenmitgliedern vergleichen. Es ist wichtig, dass man lernt, wie die Zusammenarbeit funktioniert."
Alisa Pützer, Klasse 7a

„Es funktioniert gut, wenn sich alle austauschen und ergänzen. So kann man in der Gruppe Fehler erkennen und vor der Präsentation berichtigen."
Lena Albers, Klasse 10b

„Ich muss mich intensiv mit meinem Thema befasst haben und mir auch Stichworte machen, damit ich Bescheid weiß und mit den anderen über das Thema reden kann."
Maximilian Horsch, Klasse 10b

„Jeder setzt sich mit dem Thema gründlich auseinander, versucht, die Texte zu verstehen und zu vereinfachen, damit die anderen in der Gruppe den Inhalt besser verstehen und sich die wichtigen Informationen einprägen können."
Maria Rosa Russo, Kurs 10 Sozialpädagogik

„Die Konzentration ist sehr hoch und der Inhalt wird für die Betroffenen klar durch Zusammenarbeit."
Baseh Acid, Kurs 10 Sozialpädagogik

„Alle arbeiten leise und konzentriert und helfen sich gegenseitig."
Elena Klos, Klasse 8b

„Ich lerne, einfach selbstständig zu arbeiten. Nicht immer mit den Lehrern arbeiten. Auch mal was alleine hinbekommen."
Lena Wengler, Klasse 8b

„Man muss sich auf Mitschüler einlassen. Jeder darf etwas sagen, keiner ist ausgeschlossen."
Dirk Theisen, Klasse 8b

„Der Vorteil ist, dass man auch ein bisschen Spaß beim Lernen hat, anstatt einen normalen Unterricht."
Lewon Harutunian, Klasse 7a

„Die einzelnen Schüler arbeiten. Jeder hat Aufgaben, und wenn Lücken entstehen, dann kann man jemanden in der Gruppe fragen."
Yousra Boulabiar, Klasse 8b

Bei offener Klassentür

> Durch die Einzelarbeit kann ich sehen, ob ich es wirklich verstanden habe und fähig bin, die Aufgaben allein zu lösen. Die Methode macht Spaß und man kann selbstständig miteinander reden.
>
> *Jana W., Klasse 7a*

> Diese Methode hat den Vorteil, dass die Schüler besser aufpassen als bei einem normalen Unterricht. Diese Methode ist für eine Klasse gut, die noch keine gute Klassengemeinschaft ist, weil die Schüler dann lernen, miteinander zurechtzukommen.
>
> *Miriam Q., Klasse 7a*

1. Schritt: Think

Katja bearbeitet die gestellte Aufgabe für sich allein. Während der Einzelarbeitsphase herrscht in der Klasse eine konzentrierte Arbeitsruhe. Keiner redet oder rennt in der Klasse herum.

2. Schritt: Pair

Sobald Fatima ihre Aufgabe sorgfältig erledigt hat, steht sie auf und signalisiert so, dass sie einen Lernpartner sucht. Als Nächste steht Katja auf. Sie hat ihre Aufgaben ebenfalls erledigt. Beide suchen sich einen Platz in der Klasse und vergleichen, korrigieren und ergänzen ihre Arbeitsergebnisse. Wer fertig ist, stellt sich wieder an seinen Platz und bietet sich erneut als Lernpartner an.

3. Schritt: Share

Nachdem alle Schülerinnen und Schüler sich mindestens zweimal ausgetauscht haben, präsentieren Katja und Fatima die korrigierten Arbeitsergebnisse im Plenum. Etwaige Fehler können jetzt korrigiert werden, Unverstandenes kann jetzt besprochen werden.

Kopiervorlage zur Einführung der Methode

Lerntempoduett

Wie lernen wir?

1. Schritt: Think/Einzelarbeit

Schüler **A** = Schüler **B**

- Wir arbeiten alle an derselben Aufgabe.
- Wir arbeiten leise und konzentriert.
- Wer fertig ist, steht auf und bietet sich als Lernpartner an.

2. Schritt: Pair/Partnerarbeit

Schüler **A** → Schüler **B**   Schüler **B** → Schüler **A**

- Wir bilden Lernteams mit dem nächsten Schüler, der aufsteht.
- Zu zweit vergleichen wir unsere Arbeitsergebnisse.
- Wir korrigieren unsere Fehler.
- Wenn wir fertig sind, stellen wir uns wieder an unseren Platz und bieten uns erneut als Lernpartner an.

3. Schritt: Share/Einzelarbeit oder Partnerarbeit vor der Klasse

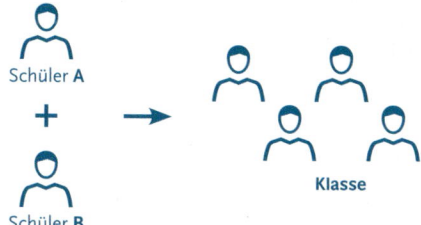

Schüler **A** + Schüler **B** → Klasse

- Wir präsentieren unsere Arbeitsergebnisse.
- Wir hören aufmerksam zu und korrigieren Fehler.
- Wir bewerten die Qualität der Präsentation.

Was lernen wir?

1. Schritt: Think/Einzelarbeit

Das ist deine Aufgabe (Zeit: _____):

_____
_____
_____
_____
_____
_____

2. Schritt: Pair/Partnerarbeit

Das ist deine Aufgabe (Zeit: _____):

_____
_____
_____
_____
_____
_____

3. Schritt: Share/Einzelarbeit oder Partnerarbeit vor der Klasse

Das ist deine/eure Präsentationsaufgabe (Zeit: _____):

_____
_____
_____
_____
_____

Auf dieser Seite finden Sie ...
- eine Ablaufskizze zur Kooperationsmethode,
- die Beschreibung einer Methodenvariante.

Was man über die Methode wissen sollte

Wie funktioniert die Methode?

Ablaufskizze

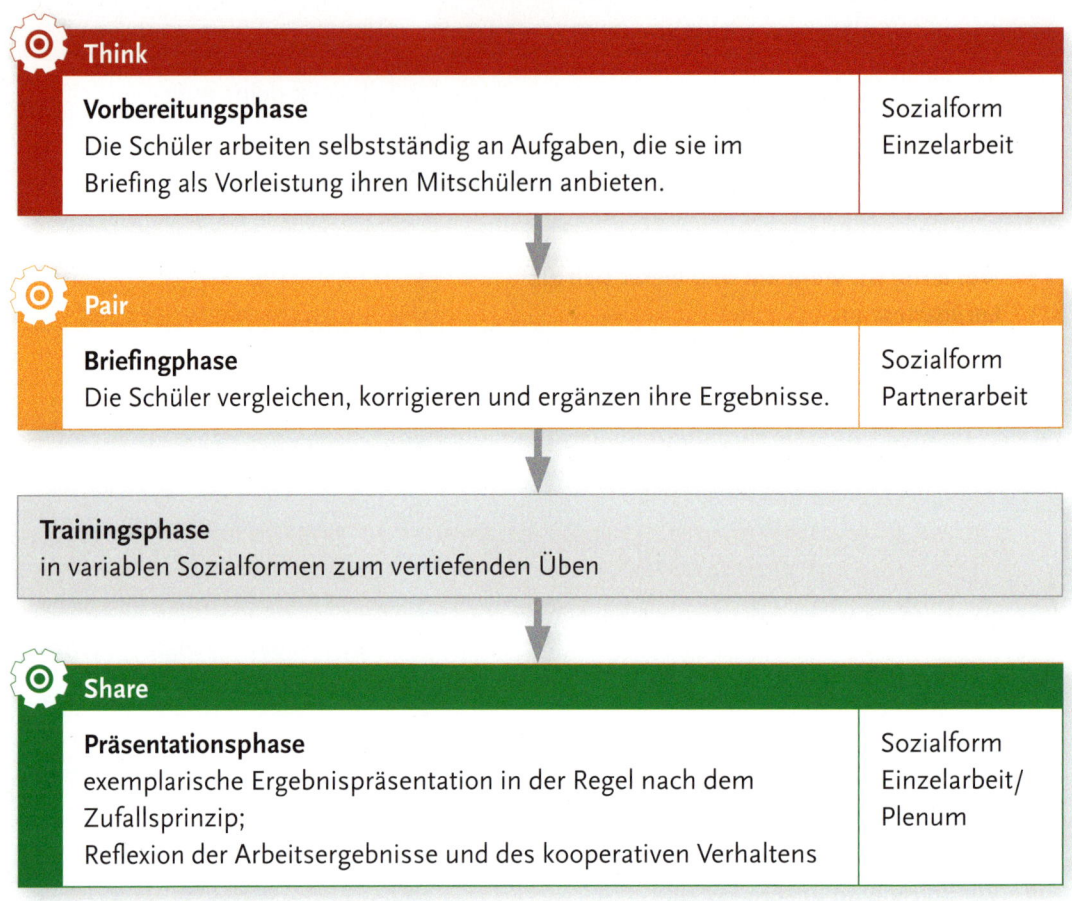

Think

Vorbereitungsphase	Sozialform
Die Schüler arbeiten selbstständig an Aufgaben, die sie im Briefing als Vorleistung ihren Mitschülern anbieten.	Einzelarbeit

Pair

Briefingphase	Sozialform
Die Schüler vergleichen, korrigieren und ergänzen ihre Ergebnisse.	Partnerarbeit

Trainingsphase
in variablen Sozialformen zum vertiefenden Üben

Share

Präsentationsphase	Sozialform
exemplarische Ergebnispräsentation in der Regel nach dem Zufallsprinzip; Reflexion der Arbeitsergebnisse und des kooperativen Verhaltens	Einzelarbeit/ Plenum

Evaluationsphase
Benotung der Sachkompetenz und des kooperativen Verhaltens; Voraussetzung für weitere Planung der Unterrichtssequenz

Welche Varianten sind möglich?

Sie können, wie in der didaktischen Fachliteratur verbreitet vorgeschlagen, das Briefing mit nur einem Partner durchführen lassen und die Schüler dann individuell entsprechend ihrem Lern- und Arbeitstempo vertiefende Übungsaufgaben bearbeiten lassen.

Vorteile dieses Verfahrens:
- individualisiert das Lernen konsequent nach eigenem Lerntempo und persönlicher Leistungsstärke

Nachteile dieses Verfahrens:
- fördert in erster Linie leistungsstarke Schüler
- lernschwache Schüler, die mehr Zeit benötigen, um Aufgaben zu lösen, finden kaum leistungsstarke Schüler als Briefingpartner
- reduziertes soziales Kompetenztraining, da lernstarke Schüler sich nicht als Helfer für lernschwächere anbieten

Das **Lerntempoduett** ist eine Methode, die **arbeitsteilige Partnerarbeit** ermöglicht.

Wie kann ich mit der Methode differenzieren?

Eine individuelle zeitliche Differenzierung ist das offensichtliche Merkmal dieser Methode. Sobald ein Schüler seine Arbeitsaufträge erledigt hat, stellt er sich und signalisiert so, dass er bereit ist, seine Arbeitsergebnisse abzugleichen. Er bildet dazu eine Lernpartnerschaft mit dem nächsten Schüler, der sich stellt.

Ein lernschwächerer Schüler, der mehr Zeit benötigt, um die Arbeitsaufträge zu erledigen, steigt später in die Briefingphase ein. Er findet dann lernstärkere Schüler als Briefingpartner vor, die ihre Arbeitsergebnisse bereits mehrfach überprüft und gegebenenfalls korrigiert haben.

Die Möglichkeit einer quantitativen und qualitativen Differenzierung ergibt sich automatisch aus dem Methodenarrangement: Wenn lernschwächere Schüler nur einen Teil der Arbeitsaufträge erledigen konnten, haben sie in der Briefingphase Gelegenheit, sich bei stärkeren Schülern Hilfe zu holen, Probleme anzusprechen und Lösungen zu erfragen.

In der Vorbereitungsphase arbeiten alle Schüler still und konzentriert an ihren Arbeitsergebnissen. Das gibt Ihnen Gelegenheit, lernschwächere Schüler zu beraten und sie durch individuelle Hilfssysteme (Unterstützungskärtchen, Beispielaufgaben, ...) zu fördern, um so deren Lernerfolg sicherzustellen.

Das Lerntempoduett eignet sich nicht für eine qualitativ differenzierende Aufgabenstellung: Wenn Schüler unterschiedliche Aufgaben bearbeiten, wird die Briefingphase chaotisch!

Wann kann ich die Methode im Unterricht einsetzen?

Ein Lerntempoduett eignet sich besonders ...

- aufgrund einfach strukturierter sozialer Kompetenzanforderungen als Einstiegsmethode ins kooperative Lernen,
- zum Üben bereits eingeführter Unterrichtsinhalte,
- zur Differenzierung durch individuelles Zeitmanagement innerhalb eines zuvor festgelegten Zeitfensters.

Welche Probleme können auftauchen und wie kann ich reagieren?

Eine Klasse ist ein Sozialgefüge, in das nicht jeder in gleichem Maße integriert ist. Deshalb besteht die Gefahr, dass Schüler sich nicht als Lernpartner anbieten und auf ihrem Platz sitzen bleiben, wenn weniger beliebte Schüler aufstehen, um zu signalisieren, dass sie einen Briefingpartner suchen.

Bestimmt wissen Sie, wer in Ihrer Klasse Außenseiter ist. Beobachten Sie deren Arbeitsprozess, sprechen Sie Schüler gezielt an und fordern Sie sie auf, sich als Lernpartner anzubieten.

> **Tipp:**
> In der Implementierungsphase hat es sich bewährt, ...
> - möglichst kleinschrittig vorzugehen, also bereits nach dem Lösen einer ersten Aufgabe eine Briefingphase durchzuführen. Stellen Sie in der Briefingphase sicher, dass fehlerhafte Ergebnisse schriftlich korrigiert werden und nicht nur ein mündlicher Austausch erfolgt. Jemand, der ohne Stift in die Briefingphase geht, macht seine Arbeit nicht richtig!
> - auf deutliche Strukturtransparenz (z. B. durch Tafelbild) zu achten.
> - sich auf ein vorgeschaltetes und verbindliches Zeitmanagement (z. B. durch ein vereinbartes Klingelzeichen beim Phasenwechsel) zu einigen.
> - einfache und klare Aufgabenformate anzubieten, die auch von lernschwächeren Schülern eigenständig gelöst werden können.

Auf dieser Seite finden Sie ...
- Hinweise zur Differenzierung,
- Empfehlungen zum praktischen Einsatz im Unterricht.

Welche Fachkompetenzen werden besonders gefördert?

Erschließungskompetenz
- **Selbstständiges Arbeiten und Üben**
- Selbstständiges Erarbeiten neuer Unterrichtsinhalte
- Ideen, Gedanken generieren und strukturieren

Urteilskompetenz
- **Analysieren und Bewerten fremder Arbeitsergebnisse**
- Argumentieren

Handlungskompetenz
- Ergebnisse präsentieren
- **strukturiert kommunizieren**
- Ergebnisse visualisieren

Fragen an einen Text stellen – Fragen beantworten

 1. Schritt: Löse die Aufgabe 1 allein. Arbeite still und konzentriert. Wenn du
Think nicht weiterkommst, dann lasse eine Lücke.

 2. Schritt: Sobald du die Aufgabe gelöst hast, stehe auf und warte ab, bis ein
Pair weiterer Mitschüler aufsteht. Vergleiche mit ihm deine Ergebnisse.
Ergänze und korrigiere deine Ergebnisse.
Warte auf deinem Platz auf den nächsten Briefingpartner.

 3. Schritt: Bearbeite die Aufgabe 2 genauso. Bereite dich im Anschluss auf die
Share Präsentation deiner Arbeitsergebnisse vor.

1 Lies den Text Abschnitt für Abschnitt und notiere für jeden Abschnitt Fragen zu den fett gedruckten Schlüsselwörtern.

2 Welche Antwort stimmt? Löse den Ankreuztest auf der gegenüberliegenden Seite.

Das Zeitalter der Saurier

Meine Frage: _____
Der Film „Jurassic Park" hat sie in aller Welt berühmt gemacht: den kleinen, wendigen und intelligenten **Velociraptor**, den mächtigen **Tyrannosaurus** und den über 20 m langen fried-lichen Pflanzenfresser **Brachiosaurus**. Diese Tiere haben tatsächlich gelebt, allerdings lange vor unserer Zeit, im Erdmittelalter.

Meine Frage: _____
Davon wissen die Menschen erst etwas, seitdem im 19. Jahrhundert Forscher erstmals fos-sile Knochen großer Saurier fanden. „**Fossil**" bedeutet: Die Funde sind so alt, dass von den Tieren nur zu Stein gewordene Reste übrig blieben.

Meine Frage: _____
Vor Kurzem wurde in Amerika das Skelett eines 50 m langen Sauriers ausgegraben. Die Ausgräber nannten ihn **Seismosaurus**, Erdbebensaurier. Er war das größte Tier aller Zeiten.

Meine Frage: _____
Die größte **Sauriergruppe** waren die Dinosaurier, die auf dem Land lebten. Es gab auch Flugsaurier und Meeressaurier.

Meine Frage: _____
Fast 150 Millionen Jahre lang waren die Saurier die beherrschende Tiergattung. Dann star-ben sie aus. Über die Ursachen gibt es nur begründete Vermutungen.
Vielleicht spielten **Umweltveränderungen** eine Rolle: Durch kälteres Klima gab es vielleicht nicht mehr genug Pflanzennahrung. Vielleicht verursachte der Einschlag eines riesigen Meteoriten aus dem All eine weltweite Katastrophe, der die Saurier zum Opfer fielen.
Aus: Kaiser, Georg (Hrsg.): Stark in Gesellschaftslehre 1, Verlag Schroedel 2000, S. 72

Didaktisch-metho-discher Kommentar
In der Einführungs-phase sollten Sie darauf achten, geschlossene Aufga-benformate zu verwen-den und konkrete Operationalisierungen in Frage- und Aufga-benstellungen anzubieten. Durch eindeutige Lösungen vermeiden Sie Irritationen in der Abgleichphase und erhalten dem Lerntem-poduett die notwen-dige Dynamik.

Exemplarische Bedeutung des Themas
Sachtexte sinnverste-hend lesen zu können, gehört zu den lebensbedeutsamsten Bildungsaufgaben der Schule. Diese Fähig-keit erworben zu haben, ist Vorausset-zung für Erfolg in der Schule, im Beruf wie in der privaten Lebens-führung.

Ankreuztest

1. **In dem Text werden vier Saurierarten beim Namen genannt. Welche vier Saurierarten sind es?**
A Velociraptor, Tyrannosaurus, Brontosaurus, Seismosaurus ☐
B Velociraptor, Tyrannosaurus, Brachiosaurus, Seismosaurus ☐
C Oviraptor, Tyrannosaurus, Brachiosaurus, Velociraptor ☐
D Seismosaurus, Tyrannosaurus, Brontosaurus, Oviraptor ☐

2. **Wie heißt das größte Tier aller Zeiten?**
A Dinosaurier ☐
B Tyrannosaurier ☐
C Seismosaurier ☐
D Brachiosaurus ☐

3. **Der Bergriff „Fossil" bedeutet ...**
A getrocknete Überreste von Tieren ☐
B ausgestorbene Tierart ☐
C zu Stein gewordener Rest eines Tieres ☐
D Pflanze oder Tier aus der Steinzeit ☐

4. **Welcher Begriff bezeichnet keine Sauriergruppe?**
A Dinosaurier ☐
B Laufsaurier ☐
C Meeressaurier ☐
D Flugsaurier ☐

5. **Warum starben die Saurier wahrscheinlich aus?**
A Ein Meteoriteneinschlag führte zu weltweiten Umweltveränderungen. ☐
B Sie fanden kein Wasser mehr. ☐
C Sie wurden von anderen Tierarten gefressen. ☐
D Sie pflanzten sich nicht mehr fort. ☐

3 Lies den Text erneut und beantworte deine Fragen. Gehe dabei vor wie in dem Beispiel.

Welche drei Saurierarten wurden durch den Film „Jurassic Park" berühmt?
Durch den Film „Jurasssic Park" wurden der Velociraptor, der Tyrannosaurus und der Brachosaurus berühmt.

Lass deine Lernpartner hier unterschreiben.
Meine Lernpartner für die Aufgabe waren:

Aufgabe 1: _____ + _____

Wir haben unsere Ergebnisse verglichen und korrigiert.

Aufgabe 2: _____ + _____

Wir haben unsere Ergebnisse verglichen und korrigiert.

Aufgabe 3: _____ + _____

Wir haben unsere Ergebnisse verglichen und korrigiert.

Zentrale Standards für die Kompetenzbereiche im Fach Deutsch
Lesen:
- Verfahren zur Textaufnahme nutzen
- Informationen zielgerichtet entnehmen, ordnen, prüfen, nutzen

Aussagen in indirekter Rede wiedergeben

 1. Schritt:
Think
Löse die Aufgabe 1 allein. Arbeite still und konzentriert. Wenn du nicht weiterkommst, dann lasse eine Lücke.

 2. Schritt:
Pair
Sobald du die Aufgabe gelöst hast, stehe auf und warte ab, bis ein weiterer Mitschüler aufsteht. Vergleiche mit ihm deine Ergebnisse. Ergänze und korrigiere deine Ergebnisse. Stelle dich danach wieder auf deinen Platz und warte, bis ein zweiter Mitschüler sich anbietet. Vergleicht eure Ergebnisse ein zweites Mal.
Verfahre mit der Aufgabe 2 genauso.

 3. Schritt:
Share
Bereite dich mit deinem Banknachbarn auf eine gemeinsame Präsentation eurer Arbeitsergebnisse vor.

 Lies den Text und ersetze die grün markierten Verben. Schreibe dazu die gelb markierten Verbformen (habe, sei, seien, sei, werde, bereite, hoffe, lohne) in die passende Lücke.

Amerikanische Forscher berichten immer wieder von neuen Saurierfunden. Die Fossilien sollen helfen, die Frage, was zum Aussterben der Saurier geführt hat, zu klären.
Bislang gehen die meisten Forscher davon aus, dass der Klimawandel infolge eines Meteoriteneinschlages zum Aussterben der Saurier geführt hat. Einige Wissenschaftler sind je-
5 doch der Meinung, dass zu dünne Eierschalen die Saurierküken nicht genug schützten und sie deshalb ausgestorben sind.
Allen Ausgrabungen ist eines gemeinsam. Die Wissenschaftler betonen, dass es sehr zeitaufwendig ist, die fossilen Knochen aus dem Gestein zu lösen. Da die ergiebigsten Fundorte in der Wüste liegen, berichten die Forscher auch, dass die Arbeit in der Hitze ihnen große
10 Mühe bereitet. Trotzdem lohnt die Arbeit, da man hofft, Antworten auf offene Fragen zu finden. Vielleicht wird man sogar eine neue Saurierart entdecken.

> Die meisten Forscher gehen davon aus, dass der Klimawandel infolge eines
>
> Meteoriteneinschlages zum Aussterben der Saurier geführt _____.
>
> Einige Wissenschaftler sind jedoch der Meinung, dass die Saurier wegen zu dünner
>
> Eierschalen ausgestorben _____.
>
> Allen Ausgrabungen _____ eines gemeinsam. Die Wissenschaftler betonen, es
>
> _____ sehr zeitaufwendig, die fossilen Knochen aus dem Gestein zu lösen.
>
> Die Forscher berichten auch, dass die Arbeit in der Hitze ihnen große Mühe _____.
>
> Trotzdem _____ die Arbeit, da man _____, Antworten auf offene Fragen zu finden.
>
> Vielleicht _____ man sogar eine neue Saurierart entdecken.

Ergänze die Tabelle.

Alle Verbformen, die du in der Aufgabe 1 eingesetzt hast, stehen im **Konjunktiv I**. Du brauchst den Konjunktiv I, um **indirekte Reden** zu bilden. Der Konjunktiv I wird folgendermaßen gebildet:

Verbstamm + Endung e, est, e, en, et, en

Für die indirekte Rede brauchst du meist nur die **3. Person Singular und Plural**!

	haben	sein	werden	hoffen
ich	hab**e**			
du				hoff**est**
er, sie, es		sei**!**		
wir			werd**en**	
ihr		sei**et**		
sie	hab**en**			

Lass deine Lernpartner hier unterschreiben.
Meine Lernpartner für die Aufgabe waren:

Aufgabe 1: _____ + _____

Wir haben unsere Ergebnisse verglichen und korrigiert.

Aufgabe 2: _____ + _____

Wir haben unsere Ergebnisse verglichen und korrigiert.

Aufgabe 3: _____ + _____

Wir haben unsere Ergebnisse verglichen und korrigiert.

Zentrale Standards für die Kompetenzbereiche im Fach Deutsch
Reflexion über Sprache:
- Grammatische Kategorien in situativen und funktionalen Zusammenhängen verwenden (Modus)

Einen Lexikontext über Saurier verfassen

 1. Schritt:
Think
Löse die Aufgabe 1 allein. Arbeite still und konzentriert.

 2. Schritt:
Pair
Sobald du die Aufgabe gelöst hast, stehe auf und warte ab, bis ein weiterer Mitschüler aufsteht. Vergleiche mit ihm deine Ergebnisse. Ergänze und korrigiere deinen Text.
Stelle dich danach wieder auf deinen Platz und warte, bis ein zweiter Mitschüler sich anbietet. Vergleicht eure Ergebnisse ein zweites Mal. Verfahre mit der 2. Aufgabe genauso.

 3. Schritt:
Share
Präsentiere im Anschluss deinen Lexikonartikel mit den indirekten Reden vor der Klasse.

1 Schreibe den Sauriertext weiter. Benutze die Informationen der Mindmap.

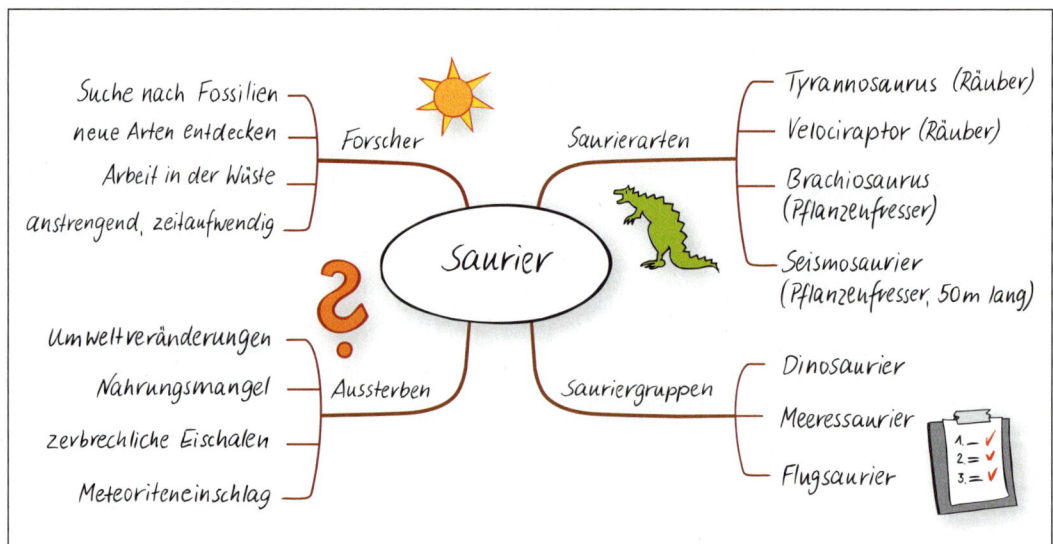

Die Arbeit der Forscher

Die Suche nach den Überresten der Saurier ist für die Wissenschaftler

anstrengend, denn die ergiebigsten Fundorte liegen in den Wüsten Nordamerikas.

Dort liegen die fossilen Knochen zwar an der Oberfläche. Weil sie aber mit dem

umgebenden Gestein verbacken sind, muss man sehr viel Zeit aufwenden, um sie zu

bergen.

Saurierarten und Sauriergruppen

_____

_____

_____

_____

_____

_____

_____

Das Aussterben der Saurier

_____

_____

_____

_____

_____

_____

_____

_____

2 Du verwendest die indirekte Rede immer dann, wenn du dir unsicher bist, ob der Inhalt des Gesagten stimmt. Formuliere also den ersten Textabschnitt um. Setze dazu die Infinitive in die passende Konjunktiv I-Form.

Die meisten Wissenschaftler berichten, dass die Suche nach den Überresten

der Saurier sehr anstrengend _____ (sein), denn die ergiebigsten Fundorte

liegen in den Wüsten Nordamerikas. Dort _____ (finden) man die fossilen Knochen

zwar an der Oberfläche. Weil sie aber mit dem umgebenden Gestein verbacken

_____ (sein) , _____ (müssen) man sehr viel Zeit aufwenden, um sie zu bergen.

Lass deine Lernpartner hier unterschreiben.
Meine Lernpartner für die Aufgabe waren:

Aufgabe 1: _____ + _____

Wir haben unsere Ergebnisse verglichen und korrigiert.

Aufgabe 2: _____ + _____

Wir haben unsere Ergebnisse verglichen und korrigiert.

Aufgabe 3: _____ + _____

Wir haben unsere Ergebnisse verglichen und korrigiert.

Zentrale Standards für die Kompetenzbereiche im Fach Deutsch
Schreiben:
- Grundlegende Schreibfunktionen umsetzen

Partnerpuzzle

Bei offener Klassentür

> Man hat keinen Druck auf sich, dass man mit dem Thema nicht klarkommt, weil man sich mit einem Partner austauschen kann.
> *Simon W., Klasse 8a*

> Alle arbeiten leise und versuchen, sich zu konzentrieren. Es ist ruhiger im Unterricht und es macht einfach mehr Spaß.
> *Lena W., Klasse 8a*

1. Schritt: Think

Hannah und Laura verschaffen sich gemeinsam einen Überblick über Aufgaben und Material, dann teilen die beiden die Aufgaben unter sich auf. Jeder arbeitet mit einem Teil des Materials, liest den Informationstext, unterstreicht wichtige Informationen und macht sich Notizen.

2. Schritt: Pair

Nachdem jeder seine Arbeitsergebnisse mit anderen Schülern, die das gleiche Material bearbeitet haben, abgeglichen hat, erklärt Laura, was sie herausgefunden hat und für wichtig hält. Hannah hört zu. Dann tauschen sie die Rollen und Hannah stellt ihre Arbeitsergebnisse vor. Zur Vorbereitung auf die Präsentation und zur Ergebnissicherung entwerfen sie gemeinsam eine Mindmap mit allen relevanten Informationen.

3. Schritt: Share

Hannah und Laura stellen der Klasse ihre Arbeitsergebnisse vor. Da die anderen Partnerteams dasselbe Material bearbeitet haben, können sie jetzt ihre Ergebnisse vergleichen und korrigieren. In der abschließenden Diskussion werden eventuelle Unklarheiten angesprochen.

Kopiervorlage zur Einführung der Methode

Wie lernen wir?

1. Schritt: Think/Einzelarbeit

Schüler **A**   ≠   Schüler **B**

- Die Teampartner arbeiten an verschiedenen Aufgaben.
- Wir arbeiten leise und konzentriert.

2. Schritt: Pair/Partnerarbeit

Schüler **A**   →   Schüler **B**   Schüler **B**   →   Schüler **A**

- Wir informieren uns gegenseitig. Dazu stellen wir unsere Arbeitsergebnisse einander vor.
- Wir notieren Wichtiges.
- Wir bereiten uns auf eine Präsentation der Arbeitsergebnisse vor.
  Achtung: Jeder muss auch die Arbeit seines Teampartners vorstellen können.

3. Schritt: Share/Einzelarbeit oder Partnerarbeit vor der Klasse

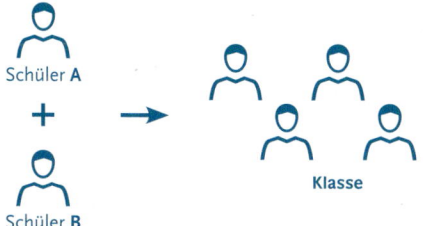

Schüler **A**

+

Schüler **B**

Klasse

- Wir präsentieren unsere Arbeitsergebnisse.
- Wir hören aufmerksam zu und korrigieren Fehler.
- Wir bewerten die Qualität der Präsentation.

Was lernen wir?

1. Schritt: Think/Einzelarbeit

Das ist deine Aufgabe (Zeit: _____):

_____
_____
_____
_____
_____
_____

2. Schritt: Pair/Partnerarbeit

Das ist deine Aufgabe (Zeit: _____):

_____
_____
_____
_____
_____
_____

3. Schritt: Share/Einzelarbeit oder Partnerarbeit vor der Klasse

Das ist deine/eure Präsentationsaufgabe (Zeit: _____):

_____
_____
_____
_____
_____
_____

Was man über die Methode wissen sollte

Wie funktioniert die Methode?

Ablaufskizze

 Think

Vorbereitungsphase	Sozialform
Die Kooperationspartner arbeiten selbstständig an unterschied-lichen Aufgaben, die sie im Briefing als Vorleistung ihren Mitschü-lern anbieten.	Einzelarbeit

 Pair

Briefingphase	Sozialform
Die Schüler vergleichen, korrigieren und ergänzen ihre Ergebnisse mit einem zweiten Experten, der das gleiche Thema bearbeitet hat.	Partnerarbeit

 Share

Präsentationsphase	Sozialform
Die Kooperationspartner stellen sich gegenseitig ihre Arbeitser-gebnisse vor und notieren sie. Ergänzend: Exemplarische Ergebnispräsentation in der Regel nach dem Zufallsprinzip vor der Klasse	Einzelarbeit/ Plenum

Evaluationsphase
Reflexion der Arbeitsergebnisse und des kooperativen Verhaltens als Voraussetzung für die weitere Planung von Unterricht;
Ergebnissicherung, z. B. an der Tafel; Benotung der Sachkompetenz und des koopera-tiven Verhaltens

Welche Varianten sind möglich?

Bei einfachen und wenig komplexen Aufgabenstellungen kann die Briefingphase über-sprungen werden. Die Arbeit des gemeinsamen Abgleichs übernimmt dann der Lernpartner: Er kommentiert die vorgestellten Arbeitsergebnisse und korrigiert sie gegebenenfalls. Voraus-setzung dafür ist allerdings, dass beide Partner das gesamte Material zuvor gesichtet ha-ben.

Vorteile dieses Verfahrens:
- Das Verfahren spart im Unterrichtsablauf Zeit.

Nachteile dieses Verfahrens:
- Die Fehlerquote steigt und es besteht die Möglichkeit, dass falsche Arbeitsergebnisse dem Lernpartner vorgestellt werden.
- Das Verfahren erfordert abschließend eine traditionelle Ergebnissicherung z. B. durch ein Tafelbild, ein strukturiertes Unterrichtsgespräch usw.
- Die Anforderungen an den Lehrer steigen dementsprechend, da er verstärkt korrigierend eingreifen und die Ergebnissicherung planen und durchführen muss.

Das **Partnerpuzzle** ist eine Kooperationsform, die **arbeitsteilige Partnerarbeit** ermöglicht.

Wie kann ich mit der Methode differenzieren?

In heterogenen Lernpartnerschaften kann über das Aufgabenniveau differenziert werden: Der stärkere Schüler übernimmt in der Kooperation die anspruchsvolleren Aufgaben, der leistungsschwächere die leichteren. In der Implementierungsphase sollten Sie in problematischen Lernpartnerschaften selbst die Zuordnung der Aufgaben übernehmen.

Gleiches gilt für den Umfang der Aufgabenstellung. Sollen Ihre Schüler zum Beispiel einen Text bearbeiten, so kann als differenzierende Maßnahme der Text in zwei ungleiche Teile zerschnitten werden. Auch hier übernimmt der lernstärkere Schüler den umfangreicheren Textabschnitt und damit auch einen größeren Anteil an Verantwortung für das gemeinsame Lernen.

In der Festlegung der Zeitintervalle orientieren Sie sich am besten am Arbeitsstand der Mehrheit Ihrer Schüler. Es empfiehlt sich, nicht zu warten, bis der letzte Schüler seine Aufgaben komplett erledigt hat.

So viel Spielraum bietet das Zeitkorsett der Unterrichtsstunden nicht. Zu warten, bis alle fertig sind, kann zu Disziplinproblemen führen. Außerdem spornt ein straffes Zeitmanagement auch leistungsschwächere Schüler zu zügigem Arbeiten an.

Wann kann ich die Methode im Unterricht einsetzen?

Ein Partnerpuzzle eignet sich besonders ...
- zum Erarbeiten neuer Unterrichtsinhalte,
- zum Üben und Vertiefen von bereits eingeführten Unterrichtsinhalten,
- als kooperative Einstiegsmethode zur Vorbereitung komplexer Kooperationsformen wie dem verwandten Gruppenpuzzle.

Welche Probleme können auftauchen und wie kann ich reagieren?

Auch wenn das Partnerpuzzle eingeführt wird, besteht weiterhin die Gefahr, dass Schüler in den Kooperationspartnerschaften ihre Leistungsstärke falsch einschätzen und so die anspruchsvolleren Aufgaben den leistungsschwächeren Schülern zugeordnet werden.

Gleiches kann durchaus auch absichtlich geschehen, wenn einzelne Schüler es noch nicht gewohnt sind, die Verantwortung für den Lernprozess zu übernehmen und aus Bequemlichkeit, Gedankenlosigkeit oder anderen Motivationen heraus die anspruchsvollere Arbeit delegieren.

In solchen Fällen sollten Sie frühzeitig korrigierend eingreifen.

Thematisieren Sie falsche Verhaltensweisen in der Reflexionsphase. Achten Sie aber darauf, keinen Schüler bloßzustellen.

> **Tipp:**
> In der Implementierungsphase hat es sich bewährt, ...
> - stichprobenartig die Aufgabenzuweisung in den Kooperationspartnerschaften zu kontrollieren.
> - folgende Regeln zu thematisieren:
>   1. Der leistungsstärkere Schüler übernimmt die schwereren Aufgaben.
>   2. Jeder ist für das Lernen seines Partners verantwortlich.
> - deutliche Strukturtransparenz zum Ablauf der Methode (z. B. durch Tafelbild) zu schaffen.
> - ein vorgeschaltetes und verbindliches Zeitmanagement (z. B. durch ein vereinbartes Klingelzeichen beim Phasenwechsel) einzuführen.
> - einfache und klare Aufgabenformate anzubieten, die auch von lernschwächeren Schülerinnen und Schülern eigenständig gelöst werden können.

Auf dieser Seite finden Sie ...
- Hinweise zur Differenzierung,
- Empfehlungen zum praktischen Einsatz im Unterricht.

Welche Fachkompetenzen werden besonders gefördert?

Erschließungskompetenz
- Selbstständiges Arbeiten und Üben
- **Selbstständiges Erarbeiten neuer Unterrichtsinhalte**
- Ideen, Gedanken generieren und strukturieren

Urteilskompetenz
- Analysieren und Bewerten fremder Arbeitsergebnisse
- Argumentieren

Handlungskompetenz
- **Ergebnisse präsentieren**
- Strukturiert kommunizieren
- Ergebnisse visualisieren

Argumente sammeln

1. Schritt: **Think** — Bildet Lernpartnerschaften. Markiert die Pro- und Kontra-Argumente in zwei verschiedenen Farben und teilt euch die Arbeit (Aufgabe 1).

2. Schritt: **Pair** — Suche dir einen Lernpartner, der die gleichen Forenbeiträge untersucht hat. Vergleicht, ergänzt und korrigiert eure Argumente.

3. Schritt: **Share** — Stellt euch gegenseitig eure Argumente vor. Notiert die neuen Argumente in der freien Tabellenspalte.

Schuluniformen, ja oder nein?

Mit schöner Regelmäßigkeit beschweren sich Erwachsene darüber, dass ihr teure Markenklamotten haben wollt. In den Schulkassen sei regelrecht ein Modewettkampf ausgebrochen, der finanzschwache SchülerInnen benachteilige. Die Lösung für viele: Alle ziehen das Gleiche an! Schützenverein, Krankenschwestern, Fußballspieler – überall gibt es Einheits-
5 kleidung. Warum es dann nicht mal mit Schuluniformen probieren?

Auszug aus: Schuluniformen. In: Verbraucherzentrale NRW, www.checked4you.de/schuluniformen. Zugriff vom 13.10.2010

1 Lest die Schülermeinungen auf der folgenden Seite. Einer kümmert sich um die Pro-Argumente, der andere sucht die Kontra-Argumente. Sammelt die Argumente in der entsprechenden Spalte der Tabelle.

2 Nachdem ihr euren Lernpartner informiert habt, könnt ihr zu zweit eure Arbeitsergebnisse vor der Klasse präsentieren. Diskutiert im Anschluss die Frage, ob Schuluniformen verbindlich werden sollen.

pro Schuluniform	kontra Schuluniform

Die folgenden Forenbeiträge stammen aus „checked4you", Online-Jugendmagazin der Verbraucherzentrale Nordrhein-Westfalen.

Mit Schuluniformen geht die Individualität an Schulen verloren. Jeder hätte das Gleiche an und niemand mehr könnte seiner Persönlichkeit Ausdruck verleihen.

Ich finde Schuluniformen gut, so steigt das Selbstbewusstsein und keiner hat mehr Angst vor Diskriminierung. Man kann mehr Freunde finden, weil jeder vor dem anderen gleichsteht.

Außerdem bedenkt einmal die Kosten, die auf eine Familie zukommen. Viele Familien haben zwei oder mehr Kinder, von denen jedes eine Schuluniform braucht. Noch dazu wachsen alle Kinder und brauchen jedes Jahr oder vielleicht schon jedes halbe Jahr eine neue Uniform.

Schuluniformen lösen keine Probleme. Mobbing gibt es auch mit Schuluniformen. Dann ist es halt nicht die Kleidung, sondern die Abstammung, die Hautfarbe, die Religion oder sonst was.

Schuluniform? Nein, danke! Meine Kleidung ist meine Sache. Da soll mir keiner und schon gar nicht die Schule was vorschreiben. Wo kommen wir denn da hin? Uniformen hatten wir doch schon oft genug in Deutschland.

Es gibt noch ein anderes Argument, das für Schuluniformen spricht. Sie sind auch für die Schule als Ganzes gut. Wenn jeder eine Schuluniform trägt und man trägt auch eine, dann weiß man, dass man dazugehört. Ich meine, das ist für die Schulgemeinschaft gut.

Ich persönlich bin für eine solche Schuluniform. Auch bei uns in der Klasse 9 gibt es große Unterschiede: Entweder: Stringtanga, bauchfrei, fett geschminkt – oder normal, aber nicht schlampig gekleidet, dezent geschminkt und ein natürliches Erscheinungsbild. Durch dieses rein äußerliche Bild werden die „Fettgeschminkten" zu den Coolen, zu Partygängern und die anderen zu Strebern oder einfach zu denen, die nicht dazugehören, was einen ziemlich fertigmachen kann.

Schuluniformen wären cool, weil ich glaube, dass das manche ein bisschen auf den Teppich zurückholen würde, die im Moment eher Angeber sind oder sich für was Besseres halten.

Zentrale Standards für die Kompetenzbereiche im Fach Deutsch
Lesen:
- Informationen zielgerichtet entnehmen, ordnen, prüfen, nutzen
- Aus Sach- und Gebrauchstexten begründete Schlussfolgerungen ziehen

Einen argumentierenden Text überarbeiten

1. Schritt:
Think

Bildet Lernpartnerschaften und teilt die Arbeit: Einer kümmert sich um die Fehler in dem Pro-Beitrag, der andere arbeitet mit dem Kontra-Beitrag (Aufgabe 1 bis 3).

2. Schritt:
Pair

Suche dir einen Lernpartner, der den gleichen Forenbeitrag bearbeitet hat. Vergleicht, ergänzt und korrigiert eure Argumente.

3. Schritt:
Share

Informiere deinen Partner über deine Arbeitsergebnisse.

Schuluniformen, ja oder nein?

In Internetforen findet man häufig Texte voller Rechtschreibfehler. Besonders auf die Groß-schreibung wird nur selten geachtet. Solche Texte sind schwer zu lesen. Sie verlieren außer-dem an Wert, denn man könnte als Leser annehmen, dass jemand, der sich mit der Recht-schreibung keine Mühe gibt, sich auch mit seinen Argumenten keine Mühe gegeben hat. Deshalb könnt ihr hier üben, einen Forenbeitrag richtig zu schreiben.

1. Lies den Forenbeitrag und setze die fehlenden Signalwörter zur Großschreibung in die Lücken ein.

2. Korrigiere dann die fehlerhafte Großschreibung, indem du Nomen und Begleiter in der Tabelle notierst.

3. Sammle die Argumente deines Forenbeitrags im Heft.

Forenbeitrag „Kontra Schuluniform":

Ich stehe _____ tragen _____ schuluniformen kritisch gegenüber. _____ schuluniform kann _____ ansehen _____ schule auch schädigen, da _____ benehmen _____ schülern nur schwer zu steuern ist. Außerdem kann _____ schul-uniform nicht _____ _____ religion vereinbar sein. Und wo stecken wir Schüler rein, die allergisch _____ bestimmte stoffe reagieren? Zudem ist nicht jeder _____ lieben gott so beschenkt worden, dass man ihn _____ _____ uniform stecken könnte. Dann hätten wir _____ effekt, dass der, der _____ straßenkleidung vorher gut aussah, _____ uniform wie Presswurst wirkt.

dem ▪ eine ▪ von ▪ das ▪ einer ▪ der ▪ von ▪ das ▪ vom ▪ in ▪ eine ▪ mit ▪ eine ▪ auf ▪ mit ▪ den ▪ in

Forenbeitrag „Pro Schuluniform":

Ich habe _____ text gelesen und frage mich, ob es nicht besser wäre, wenn

du mal _____ schuluniform ausprobieren würdest. Hey, ich habe _____

jahre _____ Chile gelebt und dort bin ich _____ uniform _____ schule gegangen.

Definitiv ist es _____ einschränkung _____ persönlichkeit. Alle bewegen sich frei

und selbstbewusst, weil keiner _____ klamotten und schuhe achtet.

Probier _____ wirklichkeit erst mal aus und du wirst sehen, dass _____ menschen

glücklicher _____ uniform _____ Schule gehen.

die ■ mit ■ zur ■ die ■ keine ■ deiner ■ auf ■ deinen ■ eine ■ in ■ drei ■ zur ■ mit

kontra Schuluniform	pro Schuluniform
dem Tragen	den Text

Zentrale Standards für die Kompetenz-bereiche im Fach Deutsch
Reflexion über Sprache:
● Grundlegende Regeln der Ortho-grafie kennen und beim Sprachhan-deln anwenden

Einen Forenbeitrag verfassen

1. Schritt:
Think

Bildet Lernpartnerschaften. Entscheidet euch für eine gemeinsame Position, die ihr in eurem Forenbeitrag vertreten wollt (entweder pro Schuluniform oder kontra Schuluniform). Ein Lernpartner formuliert die ersten beiden Argumente aus, der andere arbeitet mit den beiden letzten Argumenten (Aufgabe 1).

2. Schritt:
Pair

Suche dir jemanden in der Klasse, der die gleichen Argumente bearbeitet hat. Vergleicht, ergänzt und korrigiert eure Argumente.

3. Schritt:
Share

Stellt euch gegenseitig eure ausformulierten Argumente vor.

Schuluniformen, ja oder nein?

1 Gestalte mithilfe des Arbeitsblattes deine beiden Argumente aus.

2 Verfasst auf der Grundlage eurer Argumente einen gemeinsamen Forenbeitrag und stellt ihn in der Klasse vor.

Zum Merken:

In **Forenbeiträgen** und in **Leserbriefen** steht das wichtigste Argument immer **am Anfang** des Textes. In **linearen Erörterungen** steht das wichtigste Argument immer **am Ende** des Textes.

Pro-Argumente	Kontra-Argumente	
1. Schuluniformen leisten einen wichtigen Beitrag im Kampf gegen Mobbing. Sie erschweren Diskriminierungen.	1. Kleidung ist eine private Sache und Ausdruck meiner persönlichen Freiheit.	
2. Schuluniformen erschweren Diskriminierung. Wenn jeder das Gleiche trägt, werden Unterschiede in der Herkunft nicht mehr so wichtig sein.	2. Schuluniformen lassen keine Individualität mehr an Schulen zu.	Lernpartner 1
3. Schuluniformen erhöhen die Identifikation mit der Schule. Das hat einen positiven Einfluss auf die Lernhaltung der Schüler.	3. Schuluniformen lösen keine sozialen Probleme, sie überdecken sie lediglich.	
4. Mit Schuluniform haben Angeber keine Chance mehr.	4. Schuluniformen sind teuer. Viele Familien können sich solche Uniformen gar nicht leisten.	Lernpartner 2

Schreibe vollständige Sätze. Verwende Konjunktionen, um die Sätze miteinander zu verbinden.

1. Argument:

_____

_____

Meine Erläuterung: _____

_____

Ein Beispiel zur Veranschaulichung:

_____

_____

2. Argument:

_____

_____

Meine Erläuterung: _____

_____

Ein Beispiel zur Veranschaulichung:

_____

_____

3. Argument:

_____

_____

Meine Erläuterung: _____

_____

Ein Beispiel zur Veranschaulichung:

_____

_____

4. Argument:

_____

_____

Meine Erläuterung: _____

_____

Ein Beispiel zur Veranschaulichung:

_____

_____

Zum Merken:

Ein **Argument** ist immer eine Behauptung, die deine Position (pro oder kontra) begründet. Deine **Erläuterung** beantwortet die Frage „Was meinst du mit deiner Behauptung?". Durch ein passendes **Beispiel** wird dein Argument konkret, dadurch wird es anschaulich und glaubwürdig.

Zentrale Standards für die Kompetenzbereiche im Fach Deutsch
Schreiben:
● Argumente finden und formulieren

Venn-Diagramm

Bei offener Klassentür

> Es gibt Kinder, die sind eher schlechter, und es gibt Kinder, die sind eher gut. Die können sich gegenseitig helfen.
> *Michelle M., Klasse 7a*

> Man weiß direkt viel mehr, weil der, mit dem man zusammenarbeitet, auch Antworten aufschreibt.
> *Dana T., Klasse 7a*

1. Schritt: Think

Sven bearbeitet die gestellte Aufgabe für sich allein. Peter ebenso.
Während der Einzelarbeitsphase herrscht in der Klasse eine konzentrierte Arbeitsruhe. Keiner redet oder rennt in der Klasse herum.

2. Schritt: Pair

Sobald Sven und Peter fertig sind, stellen sie sich gegenseitig ihre Lösungen vor, vergleichen sie und formulieren eine gemeinsame Position.

3. Schritt: Share

Nachdem alle Schülerinnen und Schüler sich in Partnerteams geeinigt haben, präsentieren Peter und Sven ihre Arbeitsergebnisse im Plenum.
Nach der Präsentation werden die vorgestellten Ergebnisse in der Klasse diskutiert, korrigiert und ergänzt.

Kopiervorlage zur Einführung der Methode

Wie lernen wir?

1. Schritt: Think/Einzelarbeit

Schüler **A** = Schüler **B**

- Wir arbeiten alle an derselben Aufgabe.
- Wir arbeiten leise und konzentriert.

2. Schritt: Pair/Partnerarbeit

Schüler **A** + Schüler **B**

- Wir bilden Lernteams mit unserem Banknachbarn.
- Wir stellen uns gegenseitig unsere Arbeitsergebnisse vor.
- Wir notieren Arbeitsergebnisse, auf die wir uns geeinigt haben, im mittleren Feld des Arbeitsblattes.

3. Schritt: Share/Partnerarbeit vor der Klasse

Schüler **A**

+

Schüler **B**

→

Klasse

- Wir präsentieren unsere Arbeitsergebnisse aus dem mittleren Feld.
- Wir hören aufmerksam zu und korrigieren Fehler.
- Wir bewerten die Qualität der Präsentation.

Was lernen wir?

1. Schritt: Think/Einzelarbeit

Das ist deine Aufgabe (Zeit: _____):

_____
_____
_____
_____
_____
_____

2. Schritt: Pair/Partnerarbeit

Das ist deine Aufgabe (Zeit: _____):

_____
_____
_____
_____
_____

3. Schritt: Share/Partnerarbeit vor der Klasse

Das ist deine/eure Präsentationsaufgabe (Zeit: _____):

_____
_____
_____
_____
_____

Auf dieser Seite finden Sie ...
- eine Ablaufskizze zur Kooperationsmethode,
- die Beschreibung einer Methodenvariante.

Was man über die Methode wissen sollte

Wie funktioniert die Methode?

Ablaufskizze

 **Think**

Vorbereitungsphase	Sozialform
Die Kooperationspartner arbeiten selbstständig an denselben Aufgaben oder entwickeln unabhängig Ideen zu einem Thema.	Einzelarbeit

 Pair

Briefingphase	Sozialform
Die Kooperationspartner stellen sich gegenseitig ihre Arbeitsergebnisse vor: Sie vergleichen, diskutieren ihre Ideen, korrigieren ihre Arbeitsergebnisse im Partnerteam. Gemeinsame Standpunkte und Lösungen werden im mittleren Diagrammfeld schriftlich festgehalten.	Partnerarbeit

 Share

Präsentationsphase	Sozialform
exemplarische Ergebnispräsentation in der Regel nach dem Zufallsprinzip vor der Klasse	Partnerarbeit/ Plenum

Evaluationsphase
Reflexion der Arbeitsergebnisse und des kooperativen Verhaltens als Voraussetzung für die weitere Planung von Unterricht;
Ergebnissicherung, z. B. an der Tafel; Benotung der Sachkompetenz und des kooperativen Verhaltens

Welche Varianten sind möglich?

Das Venn-Diagramm läuft immer gleich ab.

Variiert werden kann allerdings ...

1. die **grafische Gestaltung des Arbeitsblattes** (zum Beispiel zwei sich überschneidende Kreise mit einer beschreibbaren Schnittmengenfläche in der Mitte),

2. die **Präsentationsphase**. Bei komplexen Arbeitsergebnissen empfehlen sich Varianten in Kombination mit folgenden Kooperationsmethoden:
   - Fishbowl-Übung,
   - Kugellagerübung,
   - Einer bleibt – einer geht (analog zu Einer bleibt – drei gehen).

Wenn Sie die Methode so variieren, müssen Ihre Schüler bereits mit der entsprechenden Kooperationsmethode vertraut sein und sie beiläufig anwenden können. Ansonsten führt die Häufung zweier komplexer Kooperationsmethoden zu einer unangemessenen Methodendominanz, hinter der die Auseinandersetzung mit den Inhalten zu sehr in den Hintergrund rückt.

Das **Venn-Diagramm** ist eine Kooperationsform, die **arbeitsgleiche Partnerarbeit** ermöglicht.

Wie kann ich mit der Methode differenzieren?

Da jeder Lernpartner sich mit seinen eigenen Ideen, Argumenten und Problemlösungsansätzen einbringt, hat die Methode ein hohes Individualisierungspotenzial.

In der Erarbeitungsphase wird es in jeder Lernpartnerschaft so sein, dass eine zeitliche Differenzierung sich von selbst ergibt. Immer wird ein Lernpartner die Aufgaben schneller gelöst haben als der andere. Sollte die Zeitspanne zu groß werden, schließen Sie diese Arbeitsphase mit einem zuvor vereinbarten Signal. Auch hier ist es sinnvoll, mit festgelegten Zeitfenstern zu arbeiten, um durch konzentriertes Arbeiten zu Ergebnissen zu kommen und zugleich die Selbststeuerungskompetenz der Schüler zu stärken.

In der Briefingphase werden gemeinsame Vorschläge aus den beiden individuellen Ansätzen von den Partnerteams synthetisiert. Hier sollte der lernstärkere Schüler die Moderation und Ergebnissicherung im mittleren Diagrammfeld übernehmen.

Wann kann ich die Methode im Unterricht einsetzen?

Ein Venn-Diagramm lässt sich immer dann einsetzen, wenn unterschiedliche Lösungen wahrscheinlich sind, also besonders ...

- zum Generieren von Ideen und Problemlösungsstrategien,
- zum dialektischen Argumentieren,
- als kooperative Einstiegsmethode zur Vorbereitung komplexer Kooperationsformen wie dem verwandten Placemat.

Welche Probleme können auftauchen und wie kann ich reagieren?

Ohne strukturierende Aufgabenformate läuft die Arbeit mit dem Venn-Diagramm Gefahr, beliebig zu werden. Dann hat man eine aufwendige Methode angewendet und der unterrichtliche Ertrag ist enttäuschend.

Mit wenigen, klaren Aufgaben bieten Sie Orientierungssicherheit nicht nur für lernschwächere Schüler. Zugleich gewinnt Ihr Unterricht Verbindlichkeit, dem sich kein Lernpartner einfach entziehen kann.

Tipp:

Damit das Venn-Diagramm über die Meinungsbildung hinaus für das Lernen und die weitere Arbeitsplanung nutzbar gemacht werden kann, benötigt man ...

- ein grafisch strukturiertes Arbeitsblatt mit klaren Aufgabenstellungen,
- offene Aufgabenformate, deren Lösungen zur Diskussion und Argumentation anregen.

Weisen Sie die Lernpartnerschaften bereits zu Anfang der Unterrichtssequenz darauf hin, dass die Präsentationen nach dem Zufallsprinzip erfolgen werden und die Arbeitsergebnisse der präsentierenden Teams von der Klasse diskutiert und bewertet werden.

Auf dieser Seite finden Sie ...
- Hinweise zur Differenzierung,
- Empfehlungen zum praktischen Einsatz im Unterricht.

Welche Fachkompetenzen werden besonders gefördert?

Erschließungskompetenz
- Selbstständiges Arbeiten und Üben
- **Selbstständiges Erarbeiten neuer Unterrichtsinhalte**
- **Ideen, Gedanken generieren und strukturieren**

Urteilskompetenz
- **Analysieren und Bewerten fremder Arbeitsergebnisse**
- Argumentieren

Handlungskompetenz
- Ergebnisse präsentieren
- **Strukturiert kommunizieren**
- Ergebnisse visualisieren

Eine Zeitungsnachricht analysieren

**1. Schritt:
Think**
Trage deinen Namen in das vorgesehene Feld ein. Wenn du links in der Bank sitzt, dann schreibe in die linke Spalte, sitzt du rechts, dann benutze die rechte Spalte.
Lies die Zeitungsnachricht und fülle deine Spalte auf dem Arbeitsblatt aus.

**2. Schritt:
Pair**
Vergleicht eure Ergebnisse und füllt gemeinsam die mittlere Spalte aus.

**3. Schritt:
Share**
Bereitet euch auf eine gemeinsame Präsentation der Arbeitsergebnisse vor.

Das letzte Schulfest

Aus zwei mach eins: Nach den Sommerferien vereinigen sich die Ludwig-Simon-Realschule und die Cusanus-Hauptschule zur ersten Realschule plus. Mit ihrem letzten Schulfest verabschiedeten sich die Schüler. An der neuen Gesamtschule werden auch Förderschüler lernen.

5 Trier-Mariahof. (DQ) Letzte Gelegenheit zum Feiern: Schüler der Ludwig-Simon-Realschule präsentierten die Ergebnisse ihrer Projekttage und trafen sich zum letzten Schulfest. Ein bisschen Tanz, ein wenig Kunst, Akrobatik auf dem Trampolin und viel Musik – so verabschiedeten sich die Schüler von der alten Lehranstalt, die ihre Pforten schließt. Die neuen Fünftklässler werden bald die erste Integrierte Gesamtschule (IGS) der Stadt Trier besu-
10 chen. Die jetzigen Schüler der LSR und der Cusanus-Hauptschule wechseln zur neuen Realschule plus, die als Verbund-IGS geführt wird.

Dorothee Quaré: Das letzte Schulfest. http://www.volksfreund.de/nachrichten/region/trier/Heute-in-der-Trierer-Zeitung-Das-letzte-Schulfest;art754,2485400, 2.7.2010

Lernpartner A

mein Name _____

Notiere die Informationen zu den W-Fragen.

Wer? _____

Was? _____

Wann? _____

Wo? _____

Warum? _____

Was würdest du noch gern über das Schulfest erfahren? _____

Lernpartner A und B gemeinsam

Unsere wichtigen Informationen:

Wer? _____

Was? _____

Wann? _____

Wo? _____

Warum? _____

Außerdem würden wir noch gerne über das Schulfest wissen … _____

Lernpartner B

mein Name _____

Notiere die Informationen zu den W-Fragen.

Wer? _____

Was? _____

Wann? _____

Wo? _____

Warum? _____

Was würdest du noch gern über das Schulfest erfahren? _____

Zentrale Standards für die Kompetenzbereiche im Fach Deutsch

Lesen:

• Verfahren zur Textstrukturierung nutzen und kennen: Texte und Textabschnitte zusammenfassen

• Fragen aus dem Text beantworten

Von der Nachricht zum Bericht

 1. Schritt: Think Trage deinen Namen in das vorgesehene Feld ein. Wenn du links in der Bank sitzt, dann schreibe in die linke Spalte, sitzt du rechts, dann benutze die rechte Spalte.

 2. Schritt: Pair Vergleicht eure Ergebnisse und füllt gemeinsam die mittlere Spalte aus.

 3. Schritt: Share Bereitet euch auf eine gemeinsame Präsentation der Arbeitsergebnisse vor.

Stell dir vor: Du bist Schüler der Ludwig-Simon-Realschule, an der das Schulfest stattgefunden hat. Du bist außerdem Redakteur eurer Schülerzeitung und sollst einen Bericht über das Ereignis verfassen. Jemand, der von einem Ereignis berichtet, hat die Absicht, seine Leser mit den **wichtigsten Fakten** zu versorgen und über die **Hintergründe** zu informieren. Das ist deine Aufgabe. Damit sie dir gelingt, musst du folgendermaßen vorgehen:

1. Als Redakteur hast du dir bereits während des Schulfestes Notizen gemacht. Markiere die wichtigsten Fakten (wer, was, wann, wo, warum). Benutze dazu dein Heft.

2. Übertrage die Informationen in Stichworten auf das Arbeitsblatt. Notiere sie in einer sinnvollen Reihenfolge (Vom Wichtigen zum weniger Wichtigen!).

3. Verfasse mit den Informationen des Gemeinschaftsfeldes einen Bericht über das Schulfest.

Schulfest an der Ludwig-Simon-Realschule

- letzte Schulwoche vor den Sommerferien,
- gutes Wetter,
- Grillstand (10te und 9te Klassen), alkoholfreie Cocktails (8te Klassen), Getränkestand (7te Klassen),
- zwei Schüler beim Rauchen ertappt, wurden von den Eltern abgeholt,
- zu wenig Eltern, weil mittwochs die meisten arbeiten,
- nächstes Jahr Termin am Freitagnachmittag oder samstags, ist noch unklar,
- Beginn: 10:00 Uhr, Ende: 18:00 Uhr,
- alle Stände auf dem Schulhof,
- Kuchenverkauf , gespendet für den Förderverein (5te und 6te Klassen),
- Tische und Bänke unter großem Fallschirm aufgestellt,
- ab 13:00 Uhr Unterhaltungsprogramm mit Beiträgen fast aller Klassen, lustige Spiele zum Beispiel „Lehrerraten",
- Schulorchester dreimal auf der Bühne, großer Beifall,
- Ansprache der Schulleiterin, des Schülersprechers und des Elternvertreters,
- Grund: Ludwig-Simon-Realschule wird zusammen mit der Hauptschule eine neue Gesamtschule,
- fast alle Schüler wollen im kommenden Jahr wieder ein Sommerfest veranstalten.

Lernpartner A _____ mein Name

Notiere die Informationen zu den W-Fragen.

Wer? _____

Was? _____

Wann? _____

Wo? _____

Warum? _____

Meine Hintergrundinformationen:

1. _____
2. _____
3. _____
4. _____
5. _____
6. _____
7. _____

Lernpartner A und B gemeinsam
Unsere wichtigen Informationen:

Wer? _____

Was? _____

Wann? _____

Wo? _____

Warum? _____

Unsere Hintergrundinformationen:

1. _____
2. _____
3. _____
4. _____
5. _____
6. _____
7. _____

Lernpartner B _____ mein Name

Notiere die Informationen zu den W-Fragen.

Wer? _____

Was? _____

Wann? _____

Wo? _____

Warum? _____

Meine Hintergrundinformationen:

1. _____
2. _____
3. _____
4. _____
5. _____
6. _____
7. _____

Zentrale Standards für die Kompetenzbereiche im Fach Deutsch
Schreiben:
- Texte dem Zweck entsprechend und adressatengerecht gestalten, sinnvoll aufbauen und strukturieren

Einen Bericht überarbeiten

1. Schritt:
Think

Trage deinen Namen in das vorgesehene Feld ein. Wenn du links in der Bank sitzt, dann schreibe in die linke Spalte, sitzt du rechts, dann benutze die rechte Spalte.
Lies die Zeitungsnachricht und fülle deine Spalte auf dem Arbeitsblatt aus.

2. Schritt:
Pair

Vergleicht eure Ergebnisse und füllt gemeinsam die mittlere Spalte aus.

3. Schritt:
Share

Bereitet euch auf eine gemeinsame Präsentation der Arbeitsergebnisse vor.

Als Redakteur der Schülerzeitung musst du versuchen, fehlerfrei zu schreiben. Schließlich wird dein Text veröffentlicht, sodass viele Menschen ihn lesen werden.

1 Bestimme die Signalwörter zur Großschreibung mithilfe des Merkzettels und notiere sie gemeinsam mit ihrem Bezugswort.

2 Leite aus deinen Notizen eine Regel für die Großschreibung ab und formuliere sie.

3 Was geschieht, wenn zwischen Signalwort und Bezugswort ein Attribut tritt? Ergänze den Merksatz.

4 Analysiere deinen eigenen Bericht in der gleichen Art und Weise.

Zum Merken:

Signalwörter zur Großschreibung

Bestimmter Artikel
der, die, das
Unbestimmter Artikel
ein, eine
Possessivpronomen
mein, dein, sein, ihr, unser, euer, ihr
Präposition
im, beim, vom, zum, zur ...

Das letzte Schulfest

Aus zwei mach eins: Nach den Sommerferien vereinigen sich die Ludwig-Simon-Realschule und die Cusanus-Hauptschule zur ersten Realschule plus. Mit ihrem letzten Schulfest verabschiedeten sich die Schüler. An der neuen Gesamtschule werden auch Förderschüler lernen.

5 Trier-Mariahof. (DQ) Letzte Gelegenheit zum Feiern: Schüler der Ludwig-Simon-Realschule präsentierten die Ergebnisse ihrer Projekttage und trafen sich zum letzten Schulfest. Ein bisschen Tanz, ein wenig Kunst, Akrobatik auf dem Trampolin und viel Musik – so verabschiedeten sich die Schüler von der alten Lehranstalt, die ihre Pforten schließt. Die neuen Fünftklässler werden bald die erste Integrierte Gesamtschule (IGS) der Stadt Trier besu-
10 chen. Die jetzigen Schüler der LSR und der Cusanus-Hauptschule wechseln zur neuen Realschule plus, die als Verbund-IGS geführt wird.

Lernpartner A

_____ mein Name

Aufgabe 1: Meine Signalwörter sind ...

3 bestimmte Artikel: _____

_____

2 Possessivpronomen: _____

2 Präpositionen: _____

1 unbestimmter Artikel: _____

Aufgabe 2: Meine Rechtschreibregel lautet: ...

_____

_____

Aufgabe 3: Mein Merksatz lautet: ...

Wenn zwischen Signalwort und Bezugswort ein

Attribut tritt, dann schreibe ich das Attribut

_____, weil das Signalwort

sich auf das nachfolgende _____ bezieht.

Lernpartner A und B gemeinsam

Aufgabe 1: Unsere Signalwörter sind ...

3 bestimmte Artikel: _____

_____

2 Possessivpronomen: _____

2 Präpositionen: _____

1 unbestimmter Artikel: _____

Aufgabe 2: Unsere Rechtschreibregel lautet: ...

_____

_____

Aufgabe 3: Mein Merksatz lautet: ...

Wenn zwischen Signalwort und Bezugswort ein

Attribut tritt, dann schreibe ich das Attribut

_____, weil das Signalwort

sich auf das nachfolgende _____ bezieht.

Lernpartner B

_____ mein Name

Aufgabe 1: Meine Signalwörter sind ...

3 bestimmte Artikel: _____

_____

2 Possessivpronomen: _____

2 Präpositionen: _____

1 unbestimmter Artikel: _____

Aufgabe 2: Meine Rechtschreibregel lautet: ...

_____

_____

Aufgabe 3: Mein Merksatz lautet: ...

Wenn zwischen Signalwort und Bezugswort ein

Attribut tritt, dann schreibe ich das Attribut

_____, weil das Signalwort

sich auf das nachfolgende _____ bezieht.

Zentrale Standards für die Kompetenzbereiche im Fach Deutsch
Reflexion über Sprache:

- Grundregeln der Rechtschreibung kennen und anwenden
- Wortarten funktional gebrauchen
- Verfahren zur Überprüfung der sprachlichen Richtigkeit nutzen und anwenden

Bei offener Klassentür

> Man muss dem anderen zuhören können und mit ihm arbeiten können, ohne dass man sich streitet.
> *Jil Z., Klasse 7a*

> Es gibt ja auch Schüler, die daheim nicht lernen. Jetzt lernen sie in der Schule, dann ist jeder gut, wenn ein Test kommt, anders als beim normalen Unterricht.
> *Peter P., Klasse 7a*

1. Schritt: Think

Zum Abschluss einer Unterrichtseinheit trainiert die Klasse mit dem neuen Stoff. Ihre Aufgabe ist es, Antworten zu vorgegebenen Fragen zu notieren. Dana und Nils arbeiten dabei mit den Aufzeichnungen und Materialien der vorangegangenen Unterrichtsstunden. Jeder arbeitet für sich allein und notiert seine Antworten auf ein vorbereitetes Arbeitsblatt.

2. Schritt: Pair

Dana und Nils besprechen Frage für Frage ihre Antworten und einigen sich auf eine für sie optimale Formulierung, die jeder auf seinem Arbeitsblatt notiert.

3. Schritt: Share

Nach der Präsentation der Antworten im Plenum werden diese gegebenenfalls korrigiert und ergänzt.
Jetzt beginnt das gemeinsame Training. Abwechselnd fragen sich die Lernpartner ab: Der Trainer stellt die Fragen, der Spieler antwortet, wird gelobt und erhält für jede richtige Antwort einen Punkt. Am Ende der Unterrichtsstunde weiß jeder Schüler, was er für den bevorstehenden Test noch trainieren muss.

Kopiervorlage zur Einführung der Methode

Wie lernen wir? **Was lernen wir?**

⚙ 1. Schritt: Think/Einzelarbeit

Schüler **A** = Schüler **B**

- Wir beantworten alle dieselben Fragen.
- Wir arbeiten leise und konzentriert.

⚙ 1. Schritt: Think/Einzelarbeit

Das ist deine Aufgabe (Zeit: _____):

_____

_____

_____

_____

⚙ 2. Schritt: Pair/Partnerarbeit

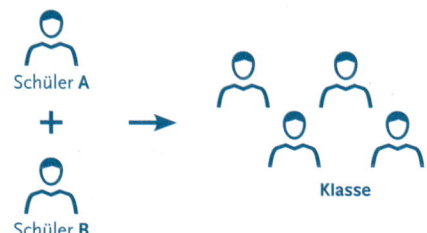

Schüler **A** → Schüler **B** Schüler **B** → Schüler **A**

- Wir bilden Lernteams mit unseren Banknachbarn und vergleichen unsere Antworten.
- Wir suchen gemeinsam nach den besseren Formulierungen und notieren sie.

⚙ 2. Schritt: Pair/Partnerarbeit

Das ist deine Aufgabe (Zeit: _____):

_____

_____

_____

_____

⚙ 3. Schritt: Share/Einzelarbeit oder Partnerarbeit vor der Klasse

Schüler **A**

+ →

Schüler **B** Klasse

- Wir präsentieren unsere Arbeitsergebnisse.
- Wir hören aufmerksam zu und korrigieren Fehler.

⚙ 3. Schritt: Share/Einzelarbeit oder Partnerarbeit vor der Klasse

Das ist deine/eure Präsentationsaufgabe (Zeit: _____):

_____

_____

_____

_____

_____

⚙ 4. Schritt: Partnerarbeit

- Wir trainieren mit unseren Banknachbarn richtige Antworten und Lösungen.
- Schüler A stellt eine Frage und kontrolliert, ob die Antwort richtig ist. Dann lobt er seinen Lernpartner und notiert einen Punkt für ihn.
- Wir tauschen die Rollen. Die zweite Frage stellt Schüler B und so weiter.

Auf dieser Seite finden Sie ...
- eine Ablaufskizze zur Kooperationsmethode,
- die Beschreibung einer Methodenvariante.

Was man über die Methode wissen sollte

Wie funktioniert die Methode?

Ablaufskizze

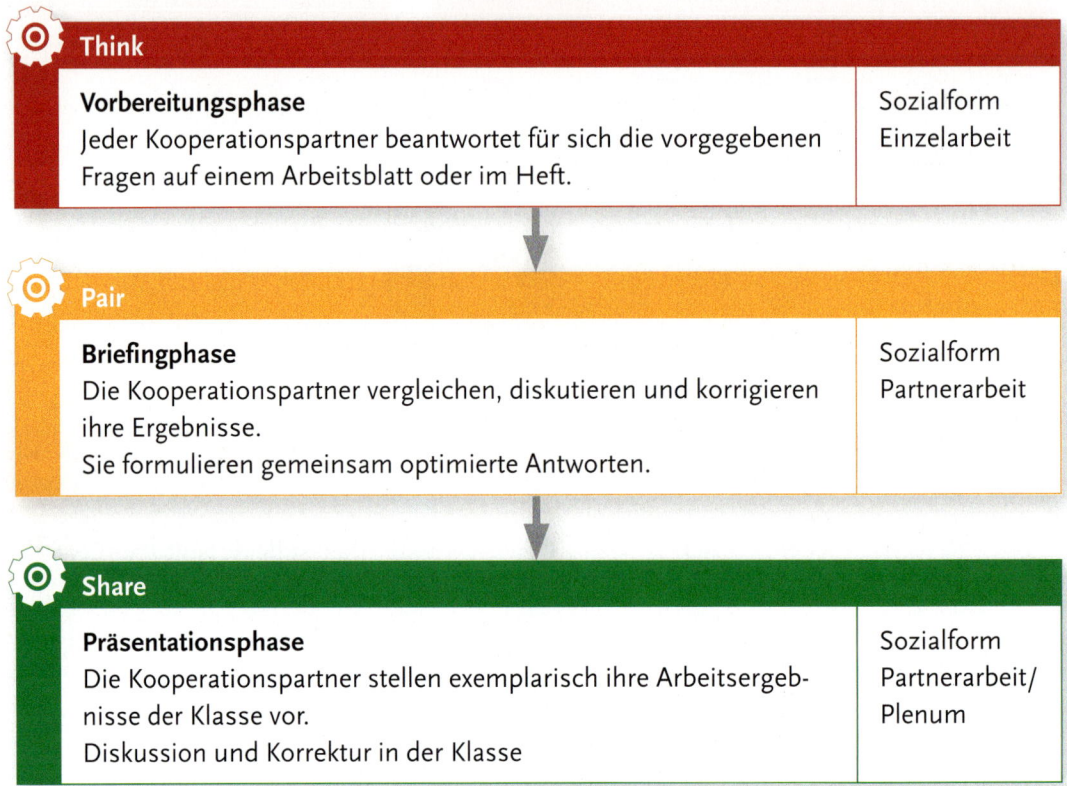

Think

Vorbereitungsphase	Sozialform
Jeder Kooperationspartner beantwortet für sich die vorgegebenen Fragen auf einem Arbeitsblatt oder im Heft.	Einzelarbeit

Pair

Briefingphase	Sozialform
Die Kooperationspartner vergleichen, diskutieren und korrigieren ihre Ergebnisse. Sie formulieren gemeinsam optimierte Antworten.	Partnerarbeit

Share

Präsentationsphase	Sozialform
Die Kooperationspartner stellen exemplarisch ihre Arbeitsergebnisse der Klasse vor. Diskussion und Korrektur in der Klasse	Partnerarbeit/ Plenum

Trainingsphase
Die Kooperationspartner fragen sich wechselseitig ab.
In der Regel folgt dem Training eine Lernerfolgskontrolle.

Welche Varianten sind möglich?

Eine weitere Möglichkeit ergibt sich, wenn die Schüler ohne vorgegebene Fragen arbeiten und stattdessen in einem ersten Schritt in Einzelarbeit selbst Fragen entwickeln. Im Briefing entscheiden die Teampartner dann gemeinsam, welche Fragen relevant sind, und formulieren passende Antworten.

Vorteile dieses Verfahrens:
- Die Schüler bringen sich stärker mit ihren eigenen Konstruktionen und Vorstellungen ein.
- Die motivationalen Effekte wirken stärker.
- Die Selbststeuerungskompetenz wird trainiert.

Nachteile dieses Verfahrens:
- Die Anforderungen an die Selbststeuerungskompetenz der Schüler steigen.
- Ein Abgleich der Arbeitsergebnisse mit anderen Partnerteams wird schwieriger, da es unterschiedliche Schnittmengen an relevanten Fragen geben wird.

Wenn die Fragen Grundlage einer Überprüfung sein sollen, muss im Anschluss an die Präsentation ein Fundamentum von Fragen festgelegt werden, das alle prüfungsrelevanten Inhalte umfasst. Mit diesem Fundamentum wird dann trainiert.

Ein **Partner-Check** (= pair-check, Partnerturnier, Partnertraining, Partnerbriefing) ist eine Kooperationsform, die **arbeitsteilige Partnerarbeit** ermöglicht. Ein Partner-Check findet in der Regel am Ende einer Unterrichtssequenz statt.

Als Einstiegsmethode ist ein Partner-Check dann geeignet, wenn bereits bekannter Stoff wiederholt werden soll, damit möglichst alle Schüler für die Vertiefung oder Weiterführung des Themas über vergleichbares Ausgangswissen verfügen. Dann dient ein Partner-Check dazu, vorhandene Lücken zu schließen, um so den Lernerfolg in der nachfolgenden Unterrichtssequenz abzusichern.

Wie kann ich mit der Methode differenzieren?

In heterogenen Lernpartnerschaften wird der stärkere Schüler in der Regel relevantere Antworten formulieren. Der lernschwächere Schüler bringt sich mit dem ein, was er weiß.

Zudem wird automatisch innerhalb eines beliebig vorgegebenen Zeitfensters quantitativ differenziert: Lernschwache Partnerteams werden nur einen Teil der Fragen beantwortet haben. In der Präsentationsphase partizipieren sie von den Arbeitsergebnissen stärkerer Teams und notieren deren Antworten.

Wann kann ich die Methode im Unterricht einsetzen?

Ein Partner-Check eignet sich besonders ...

* zum Trainieren von bereits bekannten Unterrichtsinhalten,
* zur Vorbereitung einer Klassenarbeit oder eines schriftlichen Tests,
* als kooperative Einstiegsmethode zur Vorbereitung komplexer Kooperationsformen wie dem verwandten Gruppenturnier.

Welche Probleme können auftauchen und wie kann ich reagieren?

Es passiert immer wieder, dass einzelne Schüler nicht mitarbeiten können, weil sie ihre Unterlagen (Heft, Buch etc.) vergessen haben. Diese Schüler haben in einem Kooperationsteam keinen Platz, weil sie sich mit keiner Eigenleistung einbringen können.

Deshalb empfiehlt es sich nicht, sie ohne definierten Arbeitsauftrag einem Partnerteam zuzuordnen. Im Einzelfall können Schüler ohne Arbeitsmaterial jedoch Protokollaufgaben übernehmen und die Arbeitsergebnisse im Plenum präsentieren.

> **Tipp:**
>
> Besonders in der Implementierungsphase braucht ein Partner-Check ...
>
> * ein vorgeschaltetes und verbindliches Zeitmanagement. Besonders in der ersten Phase, wenn es darum geht, die vorgegebenen Fragen zu beantworten, ist konzentriertes Arbeiten innerhalb eines transparenten Zeitfensters wichtig.
> * einfache und klar formulierte Fragen auf einem mittleren Anforderungsniveau, die auch von lernschwächeren Schülern eigenständig gelöst werden können.
>
> Denken Sie in der Vorbereitung nach, was Schüler tun sollen, die ihr Arbeitsmaterial vergessen haben. Halten Sie eine Arbeitsalternative für diese Schüler bereit.

Auf dieser Seite finden Sie ...
* Hinweise zur Differenzierung,
* Empfehlungen zum praktischen Einsatz im Unterricht.

Welche Fachkompetenzen werden besonders gefördert?

Erschließungskompetenz
* **Selbstständiges Arbeiten und Üben**
* Selbstständiges Erarbeiten neuer Unterrichtsinhalte
* Ideen, Gedanken generieren und strukturieren

Urteilskompetenz
* **Analysieren und Bewerten fremder Arbeitsergebnisse**
* Argumentieren

Handlungskompetenz
* Ergebnisse präsentieren
* **Strukturiert kommunizieren**
* Ergebnisse visualisieren

Eine Ballade verstehen

 1. Schritt: Think Jeder beantwortet die Fragen auf dem Arbeitsblatt für sich in seinem Heft.

 2. Schritt: Pair Stelle deinem Lernpartner deine Antworten vor. Findet gemeinsam eine optimale Antwort und notiert sie auf dem Arbeitsblatt.

 3. Schritt: Share Präsentiert eure Arbeitsergebnisse vor der Klasse. Diskutiert und korrigiert die Antworten in der Klasse.

Erst wenn alle Antworten stimmen, könnt ihr euch gegenseitig trainieren.

Friedrich von Schiller: Der Handschuh

Vor seinem Löwengarten,
Das Kampfspiel zu erwarten,
Saß König Franz,
Und um ihn die Großen der Krone,
5 Und rings auf hohem Balkone
Die Damen in schönem Kranz.

Und wie er winkt mit dem Finger,
Auftut sich der weite Zwinger,
Und hinein mit bedächtigem Schritt
10 Ein Löwe tritt
Und sieht sich stumm
Ringsum
Mit langem Gähnen
Und schüttelt die Mähnen
15 Und streckt die Glieder
Und legt sich nieder.

Und der König winkt wieder,
Da öffnet sich behänd
Ein zweites Tor,
20 Daraus rennt
Mit wildem Sprunge
Ein Tiger hervor.

Wie der den Löwen erschaut,
Brüllt er laut,
25 Schlägt mit dem Schweif
Einen furchtbaren Reif
Und recket die Zunge,
Und im Kreise scheu
Umgeht er den Leu,
30 Grimmig schnurrend,
Drauf streckt er sich murrend
Zur Seite nieder.

Und der König winkt wieder,
Da speit das doppelt geöffnete Haus
35 Zwei Leoparden auf einmal aus,
Die stürzen mit mutiger Kampfbegier
Auf das Tigertier;

Das packt sie mit seinen grimmigen Tatzen,
Und der Leu mit Gebrüll
40 Richtet sich auf, da wirds still;
Und herum im Kreis,
Von Mordsucht heiß,
Lagern sich die gräulichen Katzen.

Da fällt von des Altans Rand
45 Ein Handschuh von schöner Hand
Zwischen den Tiger und den Leun
Mitten hinein.

Und zu Ritter Delorges, spottenderweis,
Wendet sich Fräulein Kunigund:
50 „Herr Ritter, ist Eure Lieb so heiß,
Wie Ihr mirs schwört zu jeder Stund,
Ei, so hebt mir den Handschuh auf!"

Und der Ritter, in schnellem Lauf,
Steigt hinab in den furchtbaren Zwinger
55 Mit festem Schritte,
Und aus der Ungeheuer Mitte
Nimmt er den Handschuh mit keckem Finger.

Und mit Erstaunen und mit Grauen
Sehns die Ritter und Edelfrauen,
60 Und gelassen bringt er den Handschuh zurück.
Da schallt ihm sein Lob aus jedem Munde,
Aber mit zärtlichem Liebesblick –
Er verheißt ihm sein nahes Glück –
Empfängt ihn Fräulein Kunigunde.
65 Und er wirft ihr den Handschuh ins Gesicht:
„Den Dank, Dame, begehr ich nicht!"
Und verlässt sie zur selben Stunde.

Aus: Dieter Schmidt (Hrsg.): Schillers Werke, Dritter Band. Gedichte, Erzählungen, Insel Verlag, S. 126

1 Untersuche den Inhalt der vier letzten Strophen. Die W-Fragen helfen dir bei dieser Arbeit. Beantworte für jede Strophe folgende Fragen:
- Wer tut etwas?
- Was tut er/sie?
- Warum tut er/sie dies?
- Was erwartet er/sie vom anderen?

2 Nach einigen Jahren treffen sich Kunigunde und Delorges zufällig auf einem Hofball. Sie unterhalten sich über die vorgefallenen Ereignisse.
- Ergänze die Sprechblasen.
- Gib das Gespräch der beiden in Dialogform wieder.

Zentrale Standards für die Kompetenzbereiche im Fach Deutsch
Lesen:
Literarische Texte verstehen und nutzen:
- Wesentliche Elemente des Textes erfassen: Figuren, Raum- und Zeitdarstellung, Konfliktverlauf
- Handlung und Handlungsweisen beschreiben und bewerten

Kunigunde, ich war damals wirklich verliebt in dich. Ich verstehe heute noch nicht, was in deinem Kopf vorging, als du dein Taschentuch zwischen die Bestien hast fallen lassen. Warum hast du das getan?

Nachdem du weggegangen warst, hatte ich es nicht leicht am Hof. Alle gaben mir die Schuld. Warum bist du verschwunden und hast mich allein in der Situation zurückgelassen?

3 Schreibe eine ähnliche Geschichte, die heute passieren könnte: Ein Junge oder ein Mädchen verlangt als Freundschafts- oder Liebesbeweis von einem anderen etwas Unmögliches oder Gefährliches.

Trainingspartner sind _____ und _____ .

1. Schritt: Arbeitet mit euren Aufzeichnungen und beantwortet gemeinsam die Fragen.

2. Schritt: Trainiert euch gegenseitig, indem ihr euch abfragt.

3. Schritt: Notiert in der letzten Spalte, ob euer Lernpartner die richtige Antwort weiß.

Thema: „Der Handschuh" von Friedrich Schiller	Unsere Antworten:	Kennt mein Partner die richtige Antwort? Unterstreiche!	
		ja	**nein**
1. Was tun die beiden Hauptpersonen?	Kunigunde: Sie wirft den Handschuh zwischen die Raubtiere. Kunigunde: _____ Delorges: _____ Delorges: _____	**ja**	**nein**
2. Warum hat Kunigunde so gehandelt?	_____	**ja**	**nein**
3. Warum hat Delorges so gehandelt?	_____	**ja**	**nein**
4. Was hat Kunigunde falsch gemacht?	_____	**ja**	**nein**
5. Was hat Delorges falsch gemacht?	_____	**ja**	**nein**

Präsens oder Präteritum? – Passende Tempusformen bilden

 1. Schritt:
Think
Jeder beantwortet die Fragen auf dem Arbeitsblatt für sich in seinem Heft.

 2. Schritt:
Pair
Stelle deinem Lernpartner deine Antworten vor. Findet gemeinsam eine optimale Antwort und notiert sie auf dem Arbeitsblatt.

 3. Schritt:
Share
Präsentiert eure Arbeitsergebnisse vor der Klasse. Diskutiert und korrigiert die Antworten in der Klasse.

Erst wenn alle Antworten stimmen, könnt ihr euch gegenseitig trainieren.

Die Inhaltsangabe wird im Präsens (Gegenwartsform) verfasst. Wer also eine Inhaltsangabe schreiben will, muss die unterschiedlichen Zeiten erkennen, voneinander unterscheiden und bilden können.

1 Beantworte die folgenden Fragen. Unterstreiche zuvor die passenden Personalformen des Verbs in Schillers Ballade „Der Handschuh" .

Was macht der Löwe?　　⇒ Er tritt ein.

⇒ _____ .

⇒ _____ .

⇒ _____ .

⇒ _____ .

⇒ _____ .

Was macht der Tiger?　　⇒ _____ .

⇒ _____ .

⇒ _____ .

⇒ _____ .

⇒ _____ .

⇒ _____ .

⇒ _____ .

Was machen die Leoparden?　⇒ _____ .

Alle Verbformen, die du in deine Tabelle geschrieben hast, stehen im Präsens. Das ist die Gegenwartsform. Manche Balladen sind jedoch im Präteritum verfasst.
Auch diese Zeitform (Tempus) musst du kennen, wenn du eine Inhaltsangabe schreiben willst.

2 Setze die folgenden Präsensformen ins Präteritum.

Zentrale Standards für die Kompetenzbereiche im Fach Deutsch
Reflexion über Sprache:
● Wortarten kennen und funktional gebrauchen

Präsens	Präteritum
König Franz **sitzt**.	König Franz **saß**.
Er winkt.	
Ein Löwe tritt ein.	
Er schüttelt sich.	
Er streckt sich.	
Er legt sich nieder.	
Ein Handschuh fällt.	
Kunigunde wendet sich an …	
Der Ritter steigt hinab.	
Er nimmt den Handschuh.	
Die Ritter sehen es.	
Er bringt den Handschuh.	
Kunigunde empfängt ihn.	

Starke Verben verändern bei der Bildung des Präteritums ihren Verbstamm. Sogenannte schwache Verben tun dies nicht.

3 Notiere die starken Verben und markiere den Stammvokal.

Beispiel: **König Franz sitzt.** ⇒ **König Franz saß.**

_____

_____

_____

_____

_____

_____

Manche Balladen sind im Präteritum verfasst. Wenn du eine Inhaltsangabe schreibst, musst du die Präteritumformen vermeiden und stattdessen das Präsens benutzen.

4 Schreibe die Ballade so um, dass sie im Präsens steht.

5 Der Mittelteil der Ballade fehlt. Was könnte der König getan haben, dass seine Knechte ihn umbringen?

Heinrich Heine: Belsazar

Die Mitternacht zog näher schon;
In stiller Ruh' lag Babylon.

Nur oben in des Königs Schloss,
Da flackert's, da lärmt des Königs Tross.

5 Dort oben in dem Königssaal
Belsazar hielt sein Königsmahl.

Die Knechte saßen in schimmernden Reihn,
Und leerten die Becher mit funkelndem Wein.

[…]

10 Es klirrten die Becher, es jauchzten die Knecht';
So klang es dem störrigen Könige recht.

Die Magier kamen, doch keiner verstand
Zu deuten die Flammenschrift an der Wand.

Belsazar ward aber in selbiger Nacht
15 Von seinen Knechten umgebracht.

Aus: Heinrich Heine: Buch der Lieder, Deutschland, ein Wintermärchen und andere Gedichte, Winkler Verlag, München 1982, S. 85

Trainingspartner sind _____ und _____.

1. Schritt: Bearbeitet mithilfe eurer Aufzeichnungen die Aufgabenstellungen.

2. Schritt: Trainiert euch gegenseitig, indem ihr euch abfragt.

3. Schritt: Notiert in der letzten Spalte, ob euer Lernpartner die richtige Antwort weiß.

Thema: Verbformen der Inhalts-angabe	Unsere Antworten:	Kennt mein Partner die richtige Antwort? Unterstreiche!
1. In welchem Tempus wird die Inhaltsangabe verfasst?		**ja nein**
2. Bildet zu den folgenden Verben die 3. Person Singular und die 3. Person Plural im Präsens: • gehen • werfen • sitzen • nehmen • bringen • fallen		**ja nein**
3. Forme folgende Präteritum-formen in entsprechende Präsensformen um.	Mitternacht zog näher. ⇒ Belsazar aß. ⇒ Seine Knechte feierten. ⇒ Die Becher klirrten. ⇒ Der König sprach. ⇒	**ja nein**

Eine Inhaltsangabe zu einer Ballade verfassen

 1. Schritt: Jeder beantwortet die Fragen auf dem Arbeitsblatt für sich in
Think seinem Heft.

 2. Schritt: Stelle deinem Lernpartner deine Antworten vor. Findet gemeinsam
Pair eine optimale Antwort und notiert sie auf dem Arbeitsblatt.

 3. Schritt: Präsentiert eure Arbeitsergebnisse vor der Klasse. Diskutiert und
Share korrigiert die Antworten in der Klasse.

Wozu brauche ich eine Inhaltsangabe?

Johannes war im Kino. Seine Freundin Sabine fragt ihn, worum es in dem Film ging. Sabine hat einen neuen Vampirroman gelesen. Johannes will wissen, was in der Geschichte passiert. Beide müssen nun den Inhalt des Films bzw. des Buchs wiedergeben.

Was ist eine Inhaltsangabe?

In einer Inhaltsangabe werden die wichtigen Informationen eines Textes von dir für andere zusammengefasst. Diejenigen, die deine Inhaltsangabe lesen, vertrauen darauf, dass du alles Wichtige notiert hast. Schließlich bist du der Spezialist für dieses Thema.
Weil der Leser deiner Inhaltsangabe in der Regel den Originaltext nicht kennt, findet man in einer Inhaltsangabe ...

- Hintergrundinformationen zum Originaltext, wie Autor, Titel, Textsorte, Erscheinungsjahr und besonders wichtig das Thema der wiedergegebenen Geschichte. Das steht in der Einleitung.
- wichtige Informationen, die man benötigt, um den Text zu verstehen. Das steht im Hauptteil.
- eine Bewertung des Inhalts. Das steht im Schlussteil deiner Inhaltsangabe.

Wie gehe ich am besten vor?

1. Schritt: Ich markiere wichtige Informationen.
2. Schritt: Ich schreibe wichtige Informationen heraus. Ich orientiere mich dabei an den W-Fragen (**Wann** und **wo** spielt die Geschichte? **Welche** Personen spielen eine wichtige Rolle? **Was** tun die Personen? **Welche Ursachen** und **Folgen** liegen ihren Handlungen zugrunde? **Wie** endet die Geschichte?).
3. Schritt: Ich formuliere nur mithilfe meiner Notizen die Inhaltsangabe.

Worauf muss ich achten?

1. Wesentlichkeit und Kürze

Wenn du eine Inhaltsangabe schreibst, dann muss es dir gelingen, wichtige Informationen zu erkennen und zugleich weniger Wichtiges auszublenden.

2. Übersichtlichkeit

Du musst die wesentlichen Informationen, die du ausgewählt hast, gut verständlich anordnen.

3. Sachlichkeit

Mit der Inhaltsangabe willst du informieren. Deshalb musst du sachlich schreiben. Du darfst jetzt keine spannende Geschichte erfinden. Du verzichtest auf spannungserzeugende Wörter und auf wörtliche Rede.

Zentrale Standards für die Kompetenzbereiche im Fach Deutsch
Schreiben:
- Wesentliche Informationen aus linearen Texten zusammenfassen
- Eigene und fremde Texte hinsichtlich Aufbau, Inhalt und Formulierung revidieren

1 Lege einen Notizzettel zum Thema „Inhaltsangabe" an. Präsentiert euch paarweise eure Arbeitsergebnisse. Füllt dann gemeinsam das Arbeitsblatt auf der nächsten Seite aus.

Mein Notizzettel zur Inhaltsangabe

Meine Einleitung besteht aus ...

_____

_____

In meinem Hauptteil beantworte ich folgende Fragen:

_____

_____

_____

_____

_____

_____

Auf drei Dinge muss ich beim Schreiben achten:

1. _____

2. _____

3. _____

Wichtiger Tipp:

_____

2 Erstellt eine Gliederung zu Schillers Ballade „Der Handschuh". Verfasst nur mit dieser Gliederung eine Inhaltsangabe.

Strophen	Was geschieht?	Warum geschieht es? (Hier äußerst du Vermutungen.)
1	König Franz versammelt seinen Hof zu Tierkämpfen.	Der Hof feiert ein Fest.
2–5	Auf ein Zeichen von König Franz betreten nacheinander verschiedene Raubtiere die Arena.	Der König zeigt dadurch seine Macht.
6	Fräulein Kunigunde ...	
7		
8		
9		

Tipp:

Benutze beim Schreiben deiner Inhaltsangabe nie den Originaltext, sonst passiert automatisch Folgendes:
- Du schreibst den Originaltext ab, statt selbst einen Text zu verfassen.
- Du verlierst dich in nebensächlichen Details, statt nur die wichtigsten Informationen mitzuteilen.

In der folgenden Inhaltsangabe verstecken sich noch viele Fehler. Finde und berichtige sie.

3 Welche Informationen fehlen in der Einleitung? Übertrage die Einleitung in dein Heft und ergänze sie.

> Im Jahr 1797 entstand die Ballade „Der Handschuh". Die Geschichte hat sich wohl wirklich am Hof von König Franz so zugetragen. Eine Dame wirft ihren Handschuh in den Raubtierzwinger und fordert einen Ritter, der in sie verliebt ist, vor den Augen des Königs und seines Hofes auf, ihr den Handschuh zu holen.

4 Streiche persönliche Meinungen aus dem Hauptteil. Schreibe einen besseren Hauptteil in dein Heft. Achte auf die richtige Zeitform. Ergänze deinen Hauptteil.

> König Franz liebt offenbar wilde Tiere. Er hält Löwen, Tiger und Leoparden. Außerdem feiert der König gerne Feste und um seine Gäste zu unterhalten, lässt er die Tiere miteinander kämpfen. Das finde ich grausam gegenüber den Tieren.
> 5 Eines Tages versammelten sich wieder der Hof und König Franz in dessen Löwengarten. Zuerst betrat ein Löwe die Arena, dann ein Tiger und schließlich stürmten zwei Leoparden auf den Kampfplatz. Aus Angst vor dem Löwen fielen die Tiere aber nicht übereinander her, sondern legten sich in großem Abstand in den Sand und belauerten sich.
> 10 Dann lässt Fräulein Kunigunde absichtlich ihren Handschuh in die Arena fallen und fordert Ritter Delorges vor allen Zuschauern auf, ihr den Handschuh als Beweis seiner Liebe zurückzubringen, was doch ein unmögliches Verhalten des Fräuleins ist.
> …

5 Schreibe einen besseren Schluss, indem du die Aussagen über Kunigunde und Delorges auch begründest. Die Randbemerkungen helfen dir dabei.

> Ich finde, Kunigunde hat nicht richtig gehandelt. **Warum?**
>
> So etwas sollte man nicht tun. Aber auch der Ritter **Was hat sie falsch gemacht?**
>
> hätte anders handeln können. **Wie? Warum?**

Trainingspartner sind _____ und _____ .

1. Schritt: Arbeitet mit euren Aufzeichnungen und beantwortet gemeinsam die Fragen.

2. Schritt: Trainiert euch gegenseitig, indem ihr euch abfragt.

3. Schritt: Notiert in der letzten Spalte, ob euer Lernpartner die richtige Antwort weiß.

Thema: Inhaltsangabe	Unsere Antworten:	Kennt mein Partner die richtige Antwort? Unterstreiche!
1. Welche Informationen stehen in der Einleitung meiner Inhaltsangabe?	Mit meiner Einleitung informiere ich über …	**ja** **nein**
2. Welche Fragen beantwortet der Hauptteil meiner Inhaltsangabe?		**ja** **nein**
3. Worauf muss ich beim Schreiben besonders achten?	1. 2. 3.	**ja** **nein**
4. Was passiert, wenn ich den Originaltext beim Schreiben meiner Inhaltsangabe benutze?		**ja** **nein**

Einer bleibt – drei gehen

Bei offener Klassentür

Ich finde es interessant zu sehen, was die anderen Gruppen zum gleichen Thema erarbeitet haben. Vieles ist zwar gleich, aber es gibt immer wieder neue Aspekte, die man mitnehmen kann.
Peter B., Klasse 10b

Am schwersten fällt mir die Einzelarbeit am Anfang. Aber sobald ich in der Gruppe bin, kann man reden und vergleichen, was man vorher erarbeitet hat. Wenn man dann vorher nichts geschafft hat, bekommt man allerdings Ärger mit seiner Gruppe.
Michelle M., Klasse 10b

1. Schritt: Think

Jeder in der Gruppe hat die Arbeitsaufträge allein bearbeitet. Die Ergebnisse werden gemeinsam in der Stammgruppe besprochen.

2. Schritt: Pair

Die Stammgruppe bereitet ein Plakat zur Präsentation vor, um die Arbeitsergebnisse für die Gäste aus den anderen Arbeitsgruppen zu visualisieren.

3. Schritt: Share

Michelle, Peter, Janine und Tobias haben beschlossen, auf eine Tischgruppenpräsentation zu verzichten. Stattdessen hängen sie ihr Plakat im Klassenraum auf, um es besser vorstellen zu können. Janine erläutert die Arbeitsergebnisse der Gruppe, während Michelle, Tobias und Peter sich informieren, was die anderen Gruppen erarbeitet haben.

Kopiervorlage zur Einführung der Methode

Wie lernen wir?	Was lernen wir?

1. Schritt: Think/Einzelarbeit in der Stammgruppe

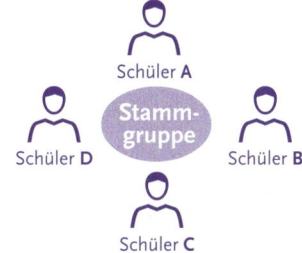

- Wir arbeiten am gleichen Thema.
- Wir bereiten eine Tischgruppenpräsentation vor.

1. Schritt: Think/Einzelarbeit und Gruppenarbeit in der Stammgruppe

Das ist deine Aufgabe (Zeit: _____):

_____

_____

_____

_____

_____

_____

2. Schritt: Pair/Wir informieren uns in anderen Gruppen

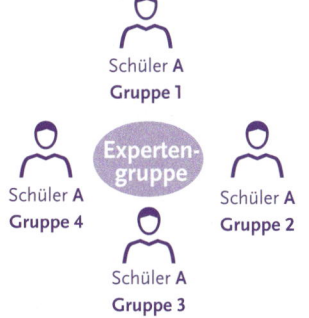

- Wir gleichen unsere Arbeitsergebnisse mit den Experten aus den anderen Stammgruppen ab.

2. Schritt: Pair/Gruppenarbeit in der Expertengruppe

Das ist deine Aufgabe (Zeit: _____):

_____

_____

_____

_____

_____

_____

3. Schritt: Share/Präsentation in der Stammgruppe

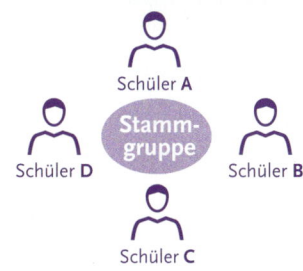

- Wir präsentieren unsere neuen Informationen in der Stammgruppe.

3. Schritt: Share/Präsentation in der Stammgruppe

Das ist deine Präsentationsaufgabe (Zeit: _____):

_____

_____

_____

_____

_____

Auf dieser Seite finden Sie ...
- eine Ablaufskizze zur Kooperationsmethode,
- die Beschreibung einer Methodenvariante.

Was man über die Methode wissen sollte

Wie funktioniert die Methode?

Ablaufskizze

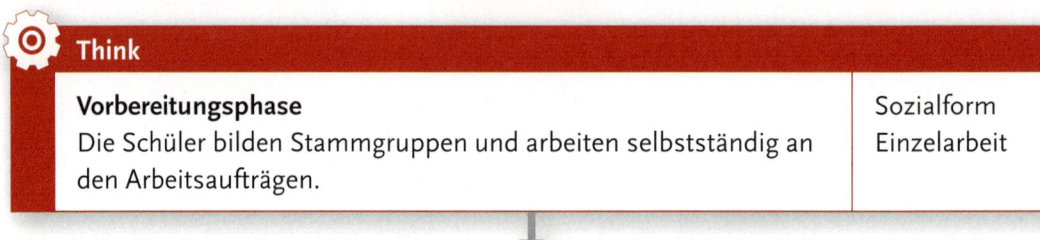

Think	
Vorbereitungsphase Die Schüler bilden Stammgruppen und arbeiten selbstständig an den Arbeitsaufträgen.	Sozialform Einzelarbeit

Pair	
Briefingphase I Die Schüler vergleichen, korrigieren und ergänzen ihre Ergebnisse zu einer Gruppenpräsentation.	Sozialform Gruppenarbeit
Briefingphase II Die Schüler wechseln in andere Gruppen und protokollieren deren Ergebnisstand.	

Share	
Präsentationsphase I Die Schüler stellen ihrer Stammgruppe die Ergebnisse der anderen Gruppen vor; Bewertung und Korrektur der eigenen Arbeitsergebnisse, Vorbereitung einer Präsentation im Plenum.	Sozialform Gruppenarbeit/Plenum
Präsentationsphase II exemplarische Ergebnispräsentation einer Gruppe in der Regel nach dem Zufallsprinzip	

Welche Varianten sind möglich?

A Ein Schüler bleibt und übernimmt die Tischpräsentation. Die übrigen Schüler wechseln geschlossen in eine andere Gruppe.

Vorteile dieses Verfahrens:
- Die Individualisierungsmöglichkeiten wachsen, da leistungsstärkere Schüler schwächere bei der Protokollierungsaufgabe helfend unterstützen können.

Nachteile dieses Verfahrens:
- Der Abgleich erfolgt nur mit einer Gruppe statt mit mehreren Gruppen. Die Arbeitsergebnisse der Stammgruppen können dementsprechend lückenhaft sein und müssen dann zeitaufwendig in der Präsentationsphase II im Plenum korrigiert und ergänzt werden.

B Die Briefingphase wird in mehreren Runden durchgeführt. In jeder Runde wechseln die Schüler an andere Gruppentische. Jeder Schüler übernimmt für eine Runde die Präsentationsaufgabe am Tisch der Stammgruppe.

Vorteile dieses Verfahrens:
- Jeder Schüler erhält einen Gesamtüberblick.

Nachteile dieses Verfahrens:
- Es kann lernschwächere Schüler überfordern.

Wie kann ich mit der Methode differenzieren?

In der Erarbeitungsphase haben die Stammgruppen die Möglichkeit, quantitativ und qualitativ zu differenzieren.

Da Teamfähigkeit sich letztendlich am Gruppenergebnis bemisst, werden die Gruppenmitglieder im kooperativen Lernen relativ schnell dahin kommen, die Arbeitsaufträge und Rollen innerhalb der Gruppe so zu verteilen, dass jeder Schüler seiner individuellen Verantwortung auch nachkommen kann. Die Leistungsstärkeren werden beispielsweise die umfangreicheren oder anspruchsvolleren Arbeitsaufträge übernehmen. Lernschwächere Schüler werden in den Briefingphasen Unterstützung erfahren und konkrete Hilfsangebote bekommen.

Sollten die Protokollergebnisse der lernschwächeren Schüler lückenhaft sein, so ist dies für das Endergebnis der Gruppenarbeit von untergeordneter Bedeutung. In der Regel werden in der Zusammenschau die Protokolle der lernstärkeren Schüler solche Mängel ausgleichen.

Eine Differenzierung in der Zeit, also die Orientierung am Arbeitstempo der Langsamsten, empfiehlt sich nicht. Es entsteht Unruhe, wenn die Mehrheit wartet und nichts zu tun hat. Die Dynamik des kooperativen Methodenarrangements wird durchbrochen. Die Praxis zeigt: Klar definierte und transparente Zeitfenster für jede Arbeitsphase fördern konzentriertes und ergebnisorientiertes Arbeitsverhalten.

Wann kann ich die Methode im Unterricht einsetzen?

Die Methode eignet sich besonders ...

- für arbeitsgleiche Gruppenarbeit.

Welche Probleme können auftauchen und wie kann ich reagieren?

In der Implementierungsphase werden Lerngruppen, die kaum Erfahrungen mit kooperativem Lernen haben, die Fehler konventioneller Gruppenarbeit machen:

- Einzelne Schüler werden sich aus der Arbeit und Verantwortung zurückziehen und in der Gruppe untertauchen.
- Einzelne Schüler werden Arbeit simulieren.
- Einzelne Schüler werden die Gruppenarbeit zur Einzelarbeit umfunktionieren und Mitarbeit anderer Gruppenmitglieder nicht zulassen.
- Einzelne Schüler werden von der Arbeit ausgeschlossen werden.
- Einzelne Schüler werden mit Arbeit überhäuft werden.

In dieser Phase sollten Sie als Lehrer korrigierend eingreifen und darauf achten, dass jeder in der Gruppe ein ihm angemessenes Stück Arbeit übernimmt.

Dies beinhaltet auch die Chance, grundlegende Prinzipien kooperativen Lernens zu thematisieren. An dieser Stelle können Sie ...

- auf die individuelle Verantwortung für das Lernen der ganzen Gruppe verweisen.
- die sozialen Kompetenzen, die Teamarbeit ausmachen, definieren.
- die Funktion des strukturierenden engen Zeitrahmens, der Teamarbeit erst sinnvoll macht, erläutern.

Tipp:

- Bevor die Methode im Unterricht angeboten werden kann, muss geklärt werden, ob die Schüler wissen, wie Arbeitsergebnisse sinnvoll protokolliert werden.
- Protokollieren ist eine Endqualifikation, deshalb ist es zur Weiterentwicklung sinnvoll, einzelne Protokolle einzusammeln und zu kommentieren und zum Kompetenzerwerb eine eigene Unterrichtssequenz zu gestalten.

Auf dieser Seite finden Sie ...
- Hinweise zur Differenzierung,
- Empfehlungen zum praktischen Einsatz im Unterricht.

Welche Fachkompetenzen werden besonders gefördert?

Erschließungskompetenz
- Selbstständiges Arbeiten und Üben
- **Selbstständiges Erarbeiten neuer Unterrichtsinhalte**
- Ideen, Gedanken generieren und strukturieren

Urteilskompetenz
- **Analysieren und Bewerten fremder Arbeitsergebnisse**
- Argumentieren

Handlungskompetenz
- **Ergebnisse präsentieren**
- Strukturiert kommunizieren
- Ergebnisse visualisieren

Charaktereigenschaften beschreiben

**Didaktisch-metho-
discher Kommentar:**
Die vorliegende
Unterrichtssequenz
folgt einem Drei-
schritt: Zuerst werden
relevante Charakter-
hinweise im Text
identifiziert. In dieser
Phase kann die
Stammgruppe
arbeitsteilig vorgehen.
Dann wird der
sprachlich korrekte
Umgang mit rele-
vanten Textstellen
trainiert. Beides,
Textstellen identifizie-
ren und mit Textstellen
sprachlich handeln,
findet seine praktische
Anwendung in der
abschließenden
Aufsatzschulung.

**Exemplarische
Bedeutung des
Themas:**
Die Kurzgeschichte ist
eine literarische
Textsorte, die in
Deutschland nach
dem Zweiten Weltkrieg
entstand und die
Gefühle und Lebens-
bedingungen der
Menschen darstellt.
Sie reduziert die
Handlung auf das
Wesentliche und ist
dabei sprachlich
hochartifiziell.
Wolfgang Borchert ist
ihr bedeutendster
Vertreter.

 **1. Schritt:
Think** Jeder liest den Text und markiert zweifarbig Textstellen, die etwas über die Persönlichkeit des älteren Mannes und Jürgens aussagen. Notiert diese Textstellen auf dem Arbeitsblatt.

 **2. Schritt:
Pair** Einer bleibt am Gruppentisch sitzen und informiert die Gäste aus den anderen Arbeitsgruppen.
Drei Schüler aus der Gruppe wechseln im Uhrzeigersinn zu den anderen Gruppentischen und informieren sich dort über deren Arbeitsergebnisse.

 **3. Schritt:
Share** Alle treffen sich wieder in ihrer Stammgruppe und berichten, was sie über das Thema in den anderen Gruppen erfahren haben. Zum Abschluss werden die Gruppenergebnisse in der Klasse vorgestellt.

Wolfgang Borchert: Nachts schlafen die Ratten doch

Das hohle Fenster in der vereinsamten Mauer gähnte blaurot voll früher Abendsonne. Staubgewölke flimmerte zwischen den steilgereckten Schornsteinresten. Die Schuttwüste döste.

Er hatte die Augen zu. Mit einmal wurde es noch dunkler. Er merkte, dass jemand gekom-
5 men war und nun vor ihm stand, dunkel, leise. Jetzt haben sie mich!, dachte er. Aber als er ein bisschen blinzelte, sah er nur zwei etwas ärmlich behoste Beine. Die standen ziemlich krumm vor ihm, dass er zwischen ihnen hindurchsehen konnte. Er riskierte ein kleines Geblinzel an den Hosenbeinen hoch und erkannte einen älteren Mann. Der hatte ein Messer und einen Korb in der Hand. Und etwas Erde an den Fingerspitzen.
10 Du schläfst hier wohl was?, fragte der Mann und sah von oben auf das Haargestrüpp herun-
ter. Jürgen blinzelte zwischen den Beinen des Mannes hindurch in die Sonne und sagte: Nein, ich schlafe nicht. Ich muss hier aufpassen. Der Mann nickte: So, dafür hast du wohl den großen Stock da?
Ja, antwortete Jürgen mutig und hielt den Stock fest. Worauf passt du denn auf?
15 Das kann ich nicht sagen. Er hielt die Hände fest um den Stock. Wohl auf Geld, was? Der Mann setzte den Korb ab und wischte das Messer an seinem Hosenboden hin und her.
Nein, auf Geld überhaupt nicht, sagte Jürgen verächtlich. Auf ganz etwas anderes. Na, was denn?
Ich kann es nicht sagen. Was anderes eben.
20 Na, denn nicht. Dann sage ich dir natürlich auch nicht, was ich hier im Korb habe. Der Mann stieß mit dem Fuß an den Korb und klappte das Messer zu.
Pah, kann mir denken, was in dem Korb ist, meinte Jürgen geringschätzig, Kaninchenfut-
ter.
Donnerwetter, ja!, sagte der Mann verwundert, bist ja ein fixer Kerl. Wie alt bist du denn?
25 Neun.
Oha, denk mal an, neun also. Dann weißt du ja auch, wie viel drei mal neun sind, wie?
Klar, sagte Jürgen und um Zeit zu gewinnen, sagte er noch: Das ist ja ganz leicht. Und er sah durch die Beine des Mannes hindurch. Dreimal neun, nicht?, fragte er noch mal, sieben-
undzwanzig. Das wusste ich gleich.
30 Stimmt, sagte der Mann, genau so viel Kaninchen habe ich. Jürgen machte einen runden Mund: Siebenundzwanzig?
Du kannst sie sehen. Viele sind noch ganz jung. Willst du?

Ich kann doch nicht. Ich muss doch aufpassen, sagte Jürgen unsicher.

Immerzu?, fragte der Mann, nachts auch?

35 Nachts auch. Immerzu. Immer. Jürgen sah an den krummen Beinen hoch. Seit Sonnabend schon, flüsterte er.

Aber gehst du denn gar nicht nach Hause? Du musst doch essen. Jürgen hob einen Stein hoch. Da lag ein halbes Brot. Und eine Blechschachtel.

Du rauchst?, fragte der Mann, hast du denn eine Pfeife?

40 Jürgen fasste seinen Stock fest an und sagte zaghaft: Ich drehe. Pfeife mag ich nicht.

Schade, der Mann bückte sich zu seinem Korb, die Kaninchen hättest du ruhig mal ansehen können. Vor allem die Jungen. Vielleicht hättest du dir eines ausgesucht. Aber du kannst hier ja nicht weg.

Nein, sagte Jürgen traurig, nein nein.

45 Der Mann nahm den Korb und richtete sich auf. Na ja, wenn du hier bleiben musst – schade. Und er drehte sich um. Wenn du mich nicht verrätst, sagte Jürgen da schnell, es ist wegen den Ratten.

Die krummen Beine kamen einen Schritt zurück: Wegen den Ratten?

Ja, die essen doch von Toten. Von Menschen. Da leben sie doch von.

50 Wer sagt das? Unser Lehrer. Und du passt nun auf die Ratten auf?, fragte der Mann. Auf die doch nicht! Und dann sagte er ganz leise: Mein Bruder, der liegt nämlich da unten. Da. Jürgen zeigte mit dem Stock auf die zusammengesackten Mauern. Unser Haus kriegte eine Bombe. Mit einmal war das Licht weg im Keller. Und er auch. Wir haben noch gerufen. Er war viel kleiner als ich. Erst vier. Er muss hier ja noch sein. Er ist doch viel kleiner als ich.

55 Der Mann sah von oben auf das Haargestrüpp. Aber dann sagte er plötzlich: Ja, hat euer Lehrer euch denn nicht gesagt, dass die Ratten nachts schlafen?

Nein, flüsterte Jürgen und sah mit einmal ganz müde aus, das hat er nicht gesagt.

Na, sagte der Mann, das ist aber ein Lehrer, wenn er das nicht mal weiß. Nachts schlafen die Ratten doch. Nachts kannst du ruhig nach Hause gehen. Nachts schlafen sie immer. Wenn

60 es dunkel wird, schon.

Jürgen machte mit seinem Stock kleine Kuhlen in den Schutt. Lauter kleine Betten sind das, dachte er, alles kleine Betten. Da sagte der Mann (und seine krummen Beine waren ganz unruhig dabei): Weißt du was? Jetzt füttere ich schnell meine Kaninchen und wenn es dunkel wird, hole ich dich ab. Vielleicht kann ich eins mitbringen. Ein kleines oder, was meinst

65 du?

Jürgen machte kleine Kuhlen in den Schutt. Lauter kleine Kaninchen. Weiße, graue, weißgraue. Ich weiß nicht, sagte er leise und sah auf die krummen Beine, wenn sie wirklich nachts schlafen.

Der Mann stieg über die Mauerreste weg auf die Straße. Natürlich, sagte er von da, euer

70 Lehrer soll einpacken, wenn er das nicht mal weiß.

Da stand Jürgen auf und fragte: Wenn ich eins kriegen kann? Ein weißes vielleicht?

Ich will mal versuchen, rief der Mann schon im Weggehen, aber du musst hier so lange warten. Ich gehe dann mit dir nach Hause, weißt du? Ich muss deinem Vater doch sagen, wie so ein Kaninchenstall gebaut wird. Denn das müsst ihr ja wissen.

75 Ja, rief Jürgen, ich warte. Ich muss ja noch aufpassen, bis es dunkel wird. Ich warte bestimmt. Und er rief: Wir haben auch noch Bretter zu Hause. Kistenbretter, rief er.

Aber das hörte der Mann schon nicht mehr. Er lief mit seinen krummen Beinen auf die Sonne zu. Die war schon rot vom Abend und Jürgen konnte sehen, wie sie durch die Beine hindurchschien, so krumm waren sie. Und der Korb schwenkte aufgeregt hin und her. Ka-

80 ninchenfutter war da drin. Grünes Kaninchenfutter, das war etwas grau vom Schutt.

Aus: Wolfgang Borchert: Das Gesamtwerk, herausgegeben von Michael Töteberg unter Mitarbeit vor Irmgard Schindler. Copyright © 2007 by Rowohlt Verlag GmbH, Reinbek bei Hamburg

Zentrale Standards für die Kompetenzbereiche im Fach Deutsch
Lesen:
- Über grundlegende Lesefertigkeiten verfügen (selektives Lesen)
- Handlungen und Verhaltensweisen beschreiben und werten

Der ältere Mann

1 Zeichnet den älteren Mann und begründet, warum ihr ihn so gezeichnet habt. Gebt dazu die passende Textzeile an.

2 Beschreibt seine Charaktereigenschaften.

Aussehen

Begründung des Aussehens:

Unser älterer Mann ...

- hat eine alte, zerrissene Hose an
  („... ärmlich behoste Beine", Z. 6)

- _____
  _____
  _____

- _____
  _____
  _____

- _____
  _____
  _____

- _____
  _____
  _____

- _____
  _____
  _____

Charaktereigenschaften

Was macht er?	Auf welche Charaktereigenschaft können wir schließen?	Wo steht das?
Er spricht Jürgen an.	Er interessiert sich für andere.	Vgl. Z. 10 ff.

Jürgen

1 Zeichnet Jürgen und begründet, warum ihr ihn so gezeichnet habt. Gebt dazu die passende Textzeile an.

2 Beschreibt seine Charaktereigenschaften.

Aussehen

Begründung des Aussehens:

Jürgen ...

- hält einen großen Stock in den Händen
  („... dafür hast du wohl den großen Stock da?", Z. 12 f.)

- _____
  _____
  _____

- _____
  _____
  _____

- _____
  _____
  _____

- _____
  _____
  _____

- _____
  _____
  _____

Charaktereigenschaften

Was macht er?	Auf welche Charaktereigenschaft können wir schließen?	Wo steht das?
Jürgen antwortet nur zögernd auf die Fragen des älteren Mannes.	Er ist vorsichtig.	Vgl. Z. 14 ff.

Charaktereigenschaften mit Zitaten belegen

 1. Schritt:
Think
Jeder liest den Text und markiert Textstellen, die etwas über Jürgens Persönlichkeit aussagen. Notiert diese Textstellen auf dem Arbeitsblatt.

 2. Schritt:
Pair
Einer bleibt am Gruppentisch sitzen und informiert die Gäste aus den anderen Arbeitsgruppen.
Drei Schüler aus der Gruppe wechseln im Uhrzeigersinn zu den anderen Gruppentischen und informieren sich dort über deren Arbeitsergebnisse.

 3. Schritt:
Share
Alle treffen sich wieder in ihrer Stammgruppe und berichten, was sie über das Thema in den anderen Gruppen erfahren haben. Zum Abschluss werden die Gruppenergebnisse in der Klasse vorgestellt.

Drei Möglichkeiten zu zitieren

Wenn ich Personen charakterisiere, dann stelle ich Behauptungen auf, die ich erkläre und erläutere. Den Beweis für die Richtigkeit meiner Behauptung finde ich im Text. Deshalb ist eine hohe Textsicherheit nötig. Ohne gründliche Textkenntnis werde ich die passenden Textstellen nicht aufspüren können.

Jene Textstelle, die meine Behauptung

- belegt oder
- veranschaulicht,

wird von mir zitiert.

1. Zitiere wörtlich, indem du das Zitat in Klammern setzt.
   Beispiel:
   Der ältere Mann interessiert sich für Jürgen. Er spricht ihn auf dem Trümmerfeld des eingestürzten Hauses an. („Du schläfst hier wohl was?, fragte der Mann und sah von oben auf das Haargestrüpp herunter.", Z. 10 f.)

2. Zitiere wörtlich, indem du das Zitat ankündigst und dann nach einem Doppelpunkt folgen lässt.
   Beispiel:
   Man erkennt, dass der ältere Mann sich für Jürgen interessiert, denn er spricht ihn mit folgenden Worten an: „Du schläfst hier wohl was? [...]" (Z. 10 f.).

3. Zitiere in indirekter Rede, wenn du auf größere Textzusammenhänge verweisen willst. Achte dabei auf die Verwendung des Konjunktivs I.
   Beispiel:
   Als der ältere Mann Jürgen schlafend in den Trümmern des zerbombten Hauses entdeckt, geht er zu ihm hin und beginnt ein Gespräch mit ihm. Er fragt Jürgen zum Beispiel, ob er schlafe, warum er einen großen Stock in Händen halte oder ob er nach Geld suche (vgl. Z. 10 ff.). Er ist offensichtlich an Jürgens Schicksal interessiert.

Mit eckigen Klammern [...] zeige ich, dass ich nur Teile eines Satzes zitiert habe.

Belegt folgende Aussagen mit Zitaten aus Borcherts Kurzgeschichte „Nachts schlafen die Ratten doch". Sucht zuerst passende Textstellen. Wendet dann mindestens zwei Zitiermöglichkeiten an.

Behauptung: Der ältere Mann hat Mitleid mit Jürgens Schicksal.

Zitiermöglichkeit 1:

_____

_____

_____

_____

_____

Zitiermöglichkeit 2:

_____

_____

_____

_____

_____

_____

Behauptung: Jürgen empfindet Verantwortung für seinen toten Bruder.

Zitiermöglichkeit 1:

_____

_____

_____

_____

Zitiermöglichkeit 2:

_____

_____

_____

_____

_____

Zentrale Standards für die Kompetenzbereiche im Fach Deutsch
Reflexion über Sprache:
● Sprachliche Mittel (Zitiertechniken) zur Sicherung des Textzusammenhanges kennen und anwenden

Eine Charakteristik verfassen

 1. Schritt: Think Jeder liest die Merkmale einer Charakteristik. Formuliert dann gemeinsam in eurer Stammgruppe die Textbausteine aus.

 2. Schritt: Pair Einer bleibt am Gruppentisch sitzen und informiert die Gäste aus den anderen Arbeitsgruppen.
Drei Schüler aus der Gruppe wechseln im Uhrzeigersinn zu den anderen Gruppentischen und informieren sich dort über deren Arbeitsergebnisse.

 3. Schritt: Share Alle treffen sich wieder in ihrer Stammgruppe und berichten, was sie über das Thema in den anderen Gruppen erfahren haben. Berichtigt jetzt eure Textbausteine. Zum Abschluss werden die Gruppenergebnisse in der Klasse vorgestellt.

Merkmale einer Charakteristik

Im Leben wie in der Literatur gilt: Charaktereigenschaften stehen den Personen nicht auf der Stirn geschrieben. Ich muss sie immer erst herausfinden.

In der Schule ist die Fähigkeit, Personen zu charakterisieren, Teil meiner literarischen Kompetenz. Da die Handlung von Erzählungen in der Regel von Personen getragen und vorangetrieben wird, muss ich zuerst diese Personen verstehen, um auch die Handlung der Geschichte zu verstehen. Deshalb wird die Charakterisierung in der Schule trainiert.

Einleitung
- einleitender Satz mit bibliografischen Daten (Autor, Titel, Textsorte, Erscheinungsjahr)
- Thema des Textes und Rolle der charakterisierten Person in der Handlung der Geschichte

Hauptteil
- Inhaltsangabe
- Beschreibung der äußeren Erscheinung und Lebenssituation
- Beschreibung des Verhaltens und der Charaktereigenschaften

Schluss
- Bewertung der Person im Kontext der Handlung
- Bedeutung der Charaktereigenschaften heute, für unser Leben

Entscheidet euch in der Klasse, ob ihr den älteren Mann oder Jürgen charakterisieren wollt. Formuliert mithilfe der Merkmalskärtchen die Charakteristik aus.

Textbaustein: Unsere Einleitung

_____

_____

_____

_____

_____

Textbaustein: Unser Hauptteil (Beschreibung der Charaktereigenschaften)

_____

_____

_____

_____

_____

_____

_____

_____

_____

_____

_____

_____

Textbaustein: Unser Schluss

_____

_____

_____

_____

_____

Zentrale Standards für die Kompetenzbereiche im Fach Deutsch
Schreiben:
- Grundlegende Schreibfunktionen umsetzen
- Begründet Stellung beziehen

Gruppenpuzzle

Bei offener Klassentür

> Man lernt durch die Methode viele Themen kennen, ohne sich zu langweilen. Und man arbeitet besser mit, indem man in verschiedenen Gruppen zusammensitzt und miteinander kommuniziert.
>
> *Katja F., Klasse 10b*

> Jeder setzt sich mit seinem Thema gut auseinander, versucht, es zu verstehen und zu vereinfachen, damit die anderen in der Gruppe sich den Inhalt schneller einprägen können.
>
> *Maria R., Klasse 10b*

 1. Schritt: Think

Katja, Lena Jessica und Laurel lesen und markieren ihre Texte in Einzelarbeit. Obwohl jeder einen anderen Text lesen muss, helfen sich die Mitglieder der Stammgruppe bei Verständnisschwierigkeiten gegenseitig.

 2. Schritt: Pair

Jedes Mitglied der Stammgruppe sucht nun eine Expertengruppe auf. Hier hat jeder denselben Text bearbeitet. Lena arbeitet mit Jan und Jasmin zusammen. Sie stellen sich gegenseitig ihre Arbeitsergebnisse vor, diskutieren sie, korrigieren Fehler, kürzen und ergänzen Informationen.

 3. Schritt: Share

Zurück in der Stammgruppe werden von jedem die optimierten Ergebnisse vorgestellt.
Gemeinsam erarbeitet man eine Präsentation aller relevanten Informationen.

Kopiervorlage zur Einführung der Methode

Wie lernen wir?	Was lernen wir?

1. Schritt: Think/Einzelarbeit in der Stammgruppe

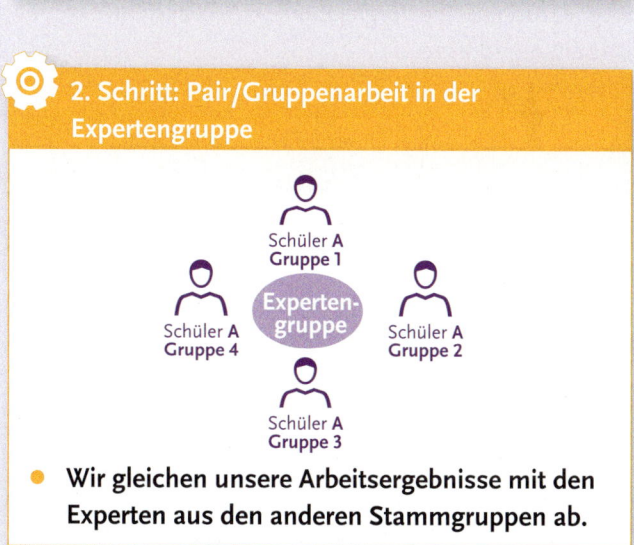

● Wir arbeiten an unterschiedlichen Aufgaben.

1. Schritt: Think/Einzelarbeit in der Stammgruppe

Das ist deine Aufgabe (Zeit: _____):

_____

_____

_____

_____

_____

_____

2. Schritt: Pair/Gruppenarbeit in der Expertengruppe

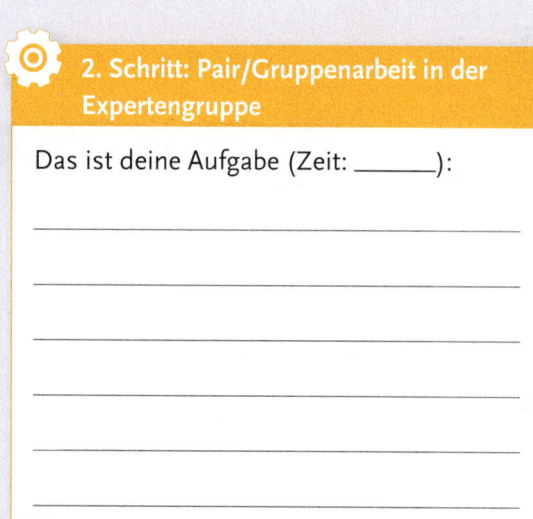

● Wir gleichen unsere Arbeitsergebnisse mit den Experten aus den anderen Stammgruppen ab.

2. Schritt: Pair/Gruppenarbeit in der Expertengruppe

Das ist deine Aufgabe (Zeit: _____):

_____

_____

_____

_____

_____

_____

3. Schritt: Share/Präsentation in der Stammgruppe

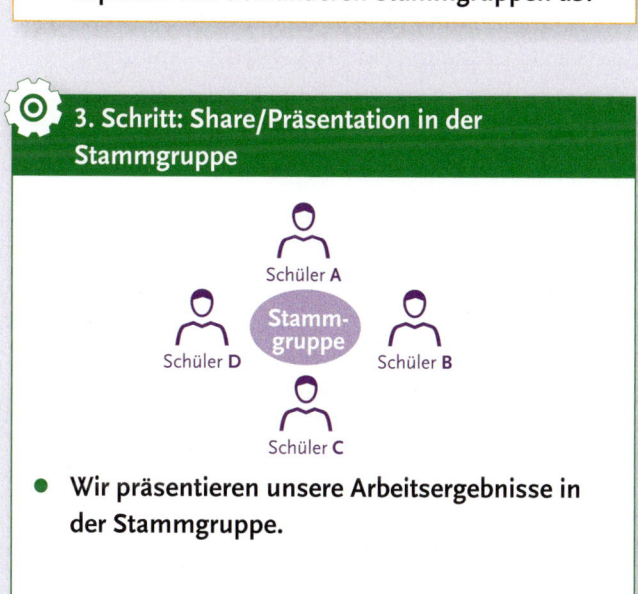

● Wir präsentieren unsere Arbeitsergebnisse in der Stammgruppe.

3. Schritt: Share/Präsentation in der Stammgruppe

Das ist deine/eure Präsentationsaufgabe (Zeit: _____):

_____

_____

_____

_____

_____

Auf dieser Seite finden Sie ...
- eine Ablaufskizze zur Kooperationsmethode,
- die Beschreibung einer Methodenvariante.

Was man über die Methode wissen sollte

Wie funktioniert die Methode?

Ablaufskizze

Think		
Vorbereitungsphase in der Stammgruppe Jede Gruppe bearbeitet dasselbe Thema. In den Gruppen wird die Arbeit aufgeteilt. Jeder bearbeitet einen bestimmten Aspekt des Themas.	Sozialform Einzelarbeit

Pair		
Briefingphase in Expertengruppen Die Schüler, die dieselben Teilaspekte eines Themas bearbeitet haben, treffen sich in neu gebildeten Gruppen. Sie vergleichen, diskutieren und korrigieren ihre Arbeitsergebnisse.	Sozialform Gruppenarbeit

Share		
Präsentationsphase in der Stammgruppe Die Schüler stellen ihre korrigierten Arbeitsergebnisse in der Stammgruppe vor. Gemeinsam wird eine Gesamtpräsentation des Themas vorbereitet.	Sozialform Gruppenarbeit/Plenum

Evaluationsphase
Reflexion des Kooperationsverhaltens zur Optimierung der Teamfähigkeit; gegebenenfalls Diskussion der Ergebnisse als Grundlage für die Ergebnissicherung

Welche Varianten sind möglich?

Bei der Bearbeitung wenig komplexer Materialien kann auf die Briefingphase, also den Abgleich der Arbeitsergebnisse, verzichtet werden.

Vorteil:
- Durch den Wegfall einer Arbeitsphase wird der Unterricht gestrafft, Zeit wird gewonnen.

Nachteil:
- Die Schüler haben durch die fehlende Briefingphase in der Expertengruppe keine Möglichkeit, Ergebnisdefizite auszugleichen.
- Ungesicherte Arbeitsergebnisse mit höherer Fehlerwahrscheinlichkeit werden präsentiert.
- Die Arbeitsergebnisse der einzelnen Gruppen differieren, sodass eine längere Evaluationsphase zum Ergebnisabgleich und zur Ergebnissicherung vorgesehen werden muss.

Im Gegensatz zu traditioneller Gruppenarbeit, bei der alle in der Gruppe entweder das Gleiche tun oder jede Gruppe isoliert an einem Teilaspekt des Themas arbeitet, findet beim Gruppenpuzzle eine organisierte Kooperation der einzelnen Gruppen statt. Das **Gruppenpuzzle** (**Gruppenmixverfahren, Jigsaw**) ist eine Kooperationsform, bei der in den **Stammgruppen arbeitsdifferent** und in den **Expertengruppen arbeitsgleich** vorgegangen wird.

Wie kann ich mit der Methode differenzieren?

Eine qualitative wie quantitative Differenzierung ist möglich, wenn Sie darauf achten, den lernschwächeren Schülern die einfacheren und weniger umfangreichen Texte zur Bearbeitung zu geben. In kooperationserfahrenen Klassen übernimmt die Gruppe in erweiterter Selbststeuerung diese Differenzierungsaufgabe.

Zeitliche Differenzierung ergibt sich in einer gemäßigten Flexibilität des vorgeschalteten Zeitmanagements. Als erfahrener Lehrer sehen Sie, wie viel Zeit einzelne Schüler noch brauchen, um in der Erarbeitungsphase ihre Aufgaben zu erledigen. Da Sie als Lehrer während der Arbeitsprozesse im Hintergrund stehen, haben Sie jetzt Zeit und Gelegenheit, sich gezielt lernschwächeren Schülern zuzuwenden, um ihnen individuelle Hilfen zukommen zu lassen.

Wann kann ich die Methode im Unterricht einsetzen?

Ein Gruppenpuzzle eignet sich besonders ...
- zum Erarbeiten komplexer Unterrichtsinhalte,
- zur Vorbereitung umfangreicher Präsentationen (beispielsweise Galerie-Gang),
- zum Trainieren kommunikativer Kompetenzen.

Welche Probleme können auftauchen und wie kann ich reagieren?

Bei einem Gruppenpuzzle treten wegen der offensichtlichen gegenseitigen Verantwortung für das Lernen der Gruppe selten Probleme auf. Am ehesten kann es geschehen, dass einzelne lernschwache Schüler in der Vorbereitungsphase mit den Erschließungsaufgaben nicht zurechtkommen. Verweisen Sie in solchen Fällen auf die Briefingphase, in der Experten aus anderen Gruppen zur Verfügung stehen.

In schwierigen Fällen sollten Sie jedoch als Helfer zur Seite stehen, der wohl Lösungswege aufweist, jedoch keine Lösungen erarbeitet. Widerstehen Sie dabei der Versuchung, selbst als Experte aufzutreten, um auftauchende Verständnisprobleme anstelle des betroffenen Schülers zu lösen.

> **Tipp:**
>
> - Ein Gruppenpuzzle ist eine aufwendige Kooperationsmethode, für die Sie differenzierendes Material bereitstellen und mindestens zwei Unterrichtsstunden einplanen müssen. Deshalb sollte ein Gruppenpuzzle dann angewendet werden, wenn komplexe Unterrichtsthemen erschlossen werden müssen.
>
> - Organisieren Sie auch die traditionellen Formen von Gruppenarbeit nach dem „Think-Pair-Share-Prinzip". Arbeiten alle in einer Gruppe mit dem gleichen Material, dann betonen Sie die Briefingphase. Arbeitet jede Gruppe an einem Thema, dann muss der Präsentation der unterschiedlichen Arbeitsergebnisse besonderes Gewicht beigemessen werden.

Auf dieser Seite finden Sie ...
- Hinweise zur Differenzierung,
- Empfehlungen zum praktischen Einsatz im Unterricht.

Welche Fachkompetenzen werden besonders gefördert?

Erschließungskompetenz
- Selbstständiges Arbeiten und Üben
- **Selbstständiges Erarbeiten neuer Unterrichtsinhalte**
- Ideen, Gedanken generieren und strukturieren

Urteilskompetenz
- **Analysieren und Bewerten fremder Arbeitsergebnisse**
- Argumentieren

Handlungskompetenz
- **Ergebnisse präsentieren**
- Strukturiert kommunizieren
- **Ergebnisse visualisieren**

Brauchen wir ein Gesetz gegen Kinderlärm? – Argumente sammeln

1 Markiere im Text zwei Gründe, warum Bundespolitiker den Lärm von spielenden Kindern nicht gesetzlich regeln wollen.

2 Welche Folge hat dies für den Bau von Kindergärten?

Bundesregierung will Kinderlärm-Klagen erschweren

Minister Ramsauer plant, den Bau von Kindertagesstätten in Wohngebieten zu erleichtern. Kinderlärm sei „keine schädliche Umwelteinwirkung".

Die Bundesregierung will einem Zeitungsbericht zufolge Klagen gegen Kinderlärm und Kindertagesstätten in Wohngebieten deutlich erschweren. „Kinderlärm ist doch keine
5 schädliche Umwelteinwirkung, vor der die Bürger mit einem Gesetz geschützt werden müssen", sagte Bundesbau- und Verkehrsminister Peter Ramsauer (CSU) den „Ruhr Nachrichten". „Wir werden die Rechtslage deshalb ändern."
Hermann Kues (CDU), Parlamentarischer Staatssekretär im Familienministerium, sagte der Zeitung, „Toleranz und Akzeptanz gegenüber dem Lachen, Kreischen, Singen und Ru-
10 fen spielender Kinder muss eine Selbstverständlichkeit sein". Dem Bericht zufolge könnten die Gespräche nach der Sommerpause abgeschlossen werden. Geplant ist demnach unter anderem eine Novelle des Baugesetzbuches. Danach sollen Kindertagesstätten künftig in allen Wohngebieten zulässig sein. Bisher mussten die Kommunen Ausnahmegenehmigungen erteilen. Angestrebt wird demnach auch eine Klarstellung im Bundesimmissions-
15 schutzgesetz, dass Kinderlärm nicht mehr als schädliche Umwelteinwirkung betrachtet wird.
Der Bundesrat hatte sich bereits im März für einen wohlwollenderen Umgang mit Kinderlärm eingesetzt. Die Länderkammer hatte ebenfalls gefordert, Kinderlärm nicht mehr als schädliche Umwelteinwirkung im Sinne des Immissionsschutzrechts[1] einzustufen und au-
20 ßerdem Kitas generell auch in reinen Wohngebieten zuzulassen. Als erstes Bundesland hatte Berlin im Februar sein Immissionsschutzgesetz zugunsten der Kinder geändert.
AFP, 16.8.2010

Spielen, toben, wachsen: Ganz geräuschlos geht es dabei nicht zu. Künftig sollen Klagen gegen Kinderlärm aber erschwert werden.

[1] Unter Lärmimmissionen versteht man nach dem Gesetz jede Form von Lärm, die das Wohlbefinden oder sogar die Gesundheit beeinträchtigen.

1. Schritt:
Think
Bildet Stammgruppen. Suche aus den Forenbeiträgen deines Arbeitsblattes Pro- und Kontra-Argumente heraus. Notiere sie in einer Tabelle.

2. Schritt:
Pair
Wechsele in die Expertengruppe. Stelle dort deine Ergebnisse vor. Notiere neue Argumente in deiner Tabelle. Korrigiere Fehler.

3. Schritt:
Share
Wechsele zurück in die Stammgruppe. Stelle deine erweiterten und korrigierten Argumente den Gruppenmitgliedern vor.
Notiere neue Argumente, die in deiner Gruppe vorgestellt werden.

Material 1: Auszüge aus einem Internetforum, in dem über das Thema „Kinderlärm" diskutiert wird:

Der Südländer, Philosoph sagt:

„Kein Wunder, wenn die Deutschen keine Kinder in die Welt setzen und die Bevölkerung zurückgeht.
Mehr Migranten braucht das Land, damit sich die Mentalität ändert und mehr Toleranz und Liebe den Kindern in Deutschland entgegengebracht wird. Anscheinend wurden diese Wer-
5 te gegenüber den Kindern nie für nötig erachtet."

squirrel sagt:

„… Kinder machen, wenn man sie nicht ein wenig an den Rest der Welt erinnert, so einen Krach, dass man Migräne bekommt. Aber die ‚Erzieher' ansprechen sollte man nicht, denn: Das Kind hat einen Anfall, das muss sich selbst erst mal beruhigen, da kann ich auch nichts machen. Wir ziehen uns unsere Tyrannen selbst heran."

Dresdnerin sagt:

„Ich bin erst einmal erstaunt, dass hier Regelungsbedarf besteht. Ich kenne einige Kinder-einrichtungen in Dresden, die seit jeher in Wohngebieten stehen, und das Miteinander klappt gut. Die Kinder sind morgens draußen und nach dem Mittagsschlaf nachmittags, bis sie von den Eltern abgeholt werden. Am Wochenende ist die Kita eh geschlossen. Wenn sich
5 Kitaleitung, Eltern und auch Kinder an die Zeiten halten oder dazu angehalten werden, ist der Lerneffekt des Rücksichtnehmens sicherlich vorhanden (auch bei den Eltern!)."

GastLeipzig sagt:

„Was gibt es Schöneres als Kinderlachen? Kleine Kinder können doch noch richtig unbefan-gen spielen.
Ich habe mal direkt neben einem kleinen Rodelberg gewohnt. Der Kinderlärm hat nicht gestört – im Gegenteil, ich habe gerne den tobenden Kindern zugeschaut.
5 Übrigens war ich damals Mitte 20, also nicht die typische Omi, die sich hinter der Gardine langweilt."

Christian sagt:

„Es gilt, die Art und den Umfang der Lärmbelästigung zu prüfen! Nicht jeder MÖCHTE, MUSS oder KANN sich der permanenten Lärmbelästigung schreiender Kinder aussetzen. Es handelt sich nicht um eine herzlose oder kinderfeindliche Einstellung, erträgt man die Non-Stop-Beschallung von 8–18 Uhr nicht und wehrt sich dagegen!"

Aus: Welt Online: Mehr Toleranz: Bundesregierung will Kinderlärmklagen erschweren, vom 16.8.2010 (Alle Beiträge wurden leicht gekürzt und moderat in der Rechtschreibung überarbeitet.)

Zentrale Standards für die Kompetenz-bereiche im Fach Deutsch
Lesen:
● Verfahren zur Textaufnahme (hier: Tabelle) nutzen
● Informationen zielgerichtet entneh-men, ordnen, prüfen, nutzen

1. Schritt: Bildet Stammgruppen. Suche aus den Forenbeiträgen deines
Think Arbeitsblattes Pro- und Kontra-Argumente heraus. Notiere sie in
einer Tabelle.

 2. Schritt: Wechsele in die Expertengruppe. Stelle dort deine Ergebnisse vor.
Pair Notiere neue Argumente in deiner Tabelle. Korrigiere Fehler.

 3. Schritt: Wechsele zurück in die Stammgruppe. Stelle deine erweiterten und
Share korrigierten Argumente den Gruppenmitgliedern vor.
Notiere neue Argumente, die in deiner Gruppe vorgestellt werden.

Material 2: Auszüge aus einem Internetforum, in dem über das Thema „Kinderlärm" diskutiert wird:

k-laus sagt:

„Leute, lasst die Kinder lärmen! Das haben wir früher auch gemacht. Ein wenig Spaß werden sie wohl haben dürfen.

Ich wohne in einer Spielstraße in einem Vorort. Da gehören Kinder einfach dazu. An den
5 entsprechenden Lärm gewöhnt man sich.

Allerdings haben wir hier zwischendrin auch das ein oder andere Haus von solchen Nörglern, bei welchen man sich fragt, warum sie in eine Spielstraße in einem Neubaugebiet gebaut haben.

Kinder sind das Schönste auf der Welt und man sollte ihnen die Freiheit zum Spielen lassen! Gegängelt werden sie schon genug."

graefenwerbung sagt:

„Dass Kinder nun einmal Lärm machen, das ist eine Tatsache. Wir waren alle einmal Kind und konnten noch nicht über Lärm, den wir verursacht haben, nachdenken. Da obliegt es in der Tat den Eltern, sprich Erziehern, den Kindern zu verdeutlichen, wo eine Grenze ist. Eine
5 KiTa in einem direkten Wohngebiet halte ich dennoch für bedenklich. Es gibt ältere Menschen, die mit Kinderlärm nicht mehr so gut klarkommen, auch aus gesundheitlichen Gründen. Damit will ich nicht sagen, dass KiTas nicht in Wohngebiete sollen, sondern man sollte schon genau hinschauen, wo und ob dort mehr Familien mit Kindern leben, dann ist das doch in Ordnung. Also neben einem Seniorenzentrum wäre eine solche, wichtige Ein-
10 richtung sicherlich nicht der richtige Platz. Der Lärmpegel, den Kinder verursachen können, ist schon sehr hoch, das sollte die Politik auch bedenken. Aber nichts gegen die Kleinen, Kinder sind für uns alle ein Segen."

Lutz Spilker sagt:

„Hallo zusammen,

Lärm ist Lärm. Toleranz ist Toleranz, jedoch kein elementarer Anteil der Erziehung. Und dass Lärm krank macht, sollte mittlerweile die Runde gemacht haben. Rücksichtslosigkeit
5 in Form von Lärm kann keine dauerhafte Demonstration erziehungsunfähiger Eltern sein, geschweige werden. Dezibelmessgeräte zeigen Werte an, keine verwandtschaftsbedingten Emotionen.

Klagen gegen Lärm zu erschweren bedeutet gleichsam, den Schritt in Richtung Wegfall der Mauern ... der Lärmschutzmauern ..."

Aus: Welt Online: Mehr Toleranz: Bundesregierung will Kinderlärmklagen erschweren, vom 16.8.2010 (Alle Beiträge wurden leicht gekürzt und moderat in der Rechtschreibung überarbeitet.)

1. Schritt:
Think

Bildet Stammgruppen. Suche aus den Forenbeiträgen deines Arbeitsblattes Pro- und Kontra-Argumente heraus. Notiere sie in einer Tabelle.

2. Schritt:
Pair

Wechsele in die Expertengruppe. Stelle dort deine Ergebnisse vor. Notiere neue Argumente in deiner Tabelle. Korrigiere Fehler.

3. Schritt:
Share

Wechsele zurück in die Stammgruppe. Stelle deine erweiterten und korrigierten Argumente den Gruppenmitgliedern vor.
Notiere neue Argumente, die in deiner Gruppe vorgestellt werden.

Material 3: Auszüge aus einem Internetforum, in dem über das Thema „Kinderlärm" diskutiert wird:

Lärm & Chaos sagt:

„Wird dir ein Kindergarten neben das Haus gesetzt, ist es unverkäuflich. Und als Rentner irgendwann hat man keine Freude mehr, dort zu wohnen, wenn den ganzen Tag gebrüllt wird.
Die Entscheidung scheint mir so generell etwas populistisch.
5 Denn gegen Kinder hat doch keiner was. ...
Nur dass man von Fall zu Fall abwägen sollte, darf nicht vergessen werden."

Claus Brenner sagt:

„Und die ersten KiTas bitte direkt bei den Bauten unserer Politiker vor die Türe!
Wenn sie das so wollen – dann sollen sie es doch auch bekommen!
Es ist sicher nichts gegen Kinderlärm einzuwenden, das ist korrekt! Aber ich weiß aus dem Bekanntenkreis, dass es manchmal schon weit über das übliche Maß hinausgeht, was da bei
5 KiTas passiert!
Und wer sein Leben lang gearbeitet und viel berufsbedingten Lärm ertragen musste, der freut sich, wenn er dann endlich einmal in Ruhe in seinem Garten sitzen kann!"

Vater sagt:

„Das mit dem genau Hinschauen, wo man die KiTa hinbaut, ist wohl nicht so einfach.
Denn die Familien mit Kindern sind die Senioren von morgen und die Geschichte geht von vorne los.
Im Übrigen glaube ich nicht, dass die meisten Beschwerden gegen „Kinderlärm" von Seni-
5 oren kommen, wohl eher von den Kinderlosen, die noch nicht begriffen haben, dass Kinder die Zukunft unseres Staates sind, und da muss man genau wie bei Steuern u. Ä. eben auch seinen Beitrag dazu geben (sprich Toleranz).
Dennoch gilt es auch bei Kindern, gewisse Grenzen einzuhalten, was bedeutet, dass natür- lich auch Eltern und KiTa-Personal dafür zu sorgen haben, dass der Lärmpegel sich in ge-
10 wissen Grenzen bewegt.
Ich bin auch der Meinung, dass es vertretbar ist und der Entwicklung eines Kindes nicht abträglich, wenn es vermittelt bekommt, nicht gerade am Sonntag in der Mittagspause die Nachbarschaft aufzumischen.
Aber hier geht es, wie immer, um gegenseitige Rücksicht und hier krankt es in diesem Lan-
15 de am meisten."

Aus: Welt Online: Mehr Toleranz: Bundesregierung will Kinderlärmklagen erschweren, vom 16.8.2010 (Alle Beiträge wurden leicht gekürzt und moderat in der Rechtschreibung überarbeitet.)

1. Schritt: Bildet Stammgruppen. Suche aus den Forenbeiträgen deines
Think Arbeitsblattes Pro- und Kontra-Argumente heraus. Notiere sie in
einer Tabelle.

 2. Schritt: Wechsele in die Expertengruppe. Stelle dort deine Ergebnisse vor.
Pair Notiere neue Argumente in deiner Tabelle. Korrigiere Fehler.

 3. Schritt: Wechsele zurück in die Stammgruppe. Stelle deine erweiterten und
Share korrigierten Argumente den Gruppenmitgliedern vor.
Notiere neue Argumente, die in deiner Gruppe vorgestellt werden.

**Material 4: Auszüge aus einem Internetforum, in dem über das Thema „Kinderlärm"
diskutiert wird:**

kaiser von Therm sagt:

„Kinderlärm sagt nichts über eine gute oder schlechte Erziehung aus. Er ist ein entwicklungsbedingter Zustand. Ich habe eher Zweifel, dass die Gegner von Kitas in Wohngebieten an einer Erziehungsstörung leiden."

Lukullus sagt:

„Die Eltern sind schuld daran, dass deren Kinder nicht mehr toleriert werden. Sicherlich haben wir als Kinder früher auch Lärm gemacht, Streiche gespielt usw. Aber es gab Grenzen.

Heute sind diese Grenzen gefallen. [...]

5 Freiheit ist auch die Freiheit des anderen. Das wird in der beschränkten „Mein Kind!!!" –
Haltung sehr gerne übersehen.

Eltern produzieren die angebliche Kinderfeindlichkeit dieser Gesellschaft selbst, indem sie ihren Kindern aus falsch verstandener Liberalität keine Grenzen mehr setzen."

ICH ICH ICH sagt:

„Regeln und Grenzen? Och nö, wofür denn?
Wenn Rücksichtnahme nicht im Kindesalter gelehrt wird, wann dann?"

Andy2005 sagt:

„Verbieten ist nicht der richtige Weg. Kinder müssen in unserer Gesellschaft Vorrang haben. [...] Und Kinder machen nun einmal Krach beim Spielen und davon hat noch keiner sein Leben oder seine Gesundheit verloren."

planetenzone sagt:

„Warum man auf die Idee kommt, dass Kinder nur Kinder seien, wenn sie Lärm produzieren, ist mir ein Rätsel. Man kann sie ja auch mit Interessantem beschäftigen."

Automobilist sagt:

„Die Bundesregierung sollte Kinderlärm eindämmen.
Dann hätten wir auch wieder mehr Akzeptanz gegenüber Kindern und deren Eltern.
Das wäre ein erster Schritt, die Geburtenrate wieder zu erhöhen."

Aus: Welt Online: Mehr Toleranz: Bundesregierung will Kinderlärmklagen erschweren, vom 16.8.2010 (Alle Beiträge wurden leicht gekürzt und moderat in der Rechtschreibung überarbeitet.)

1. Schritt:
Think

Bildet Stammgruppen. Suche aus den Forenbeiträgen deines Arbeitsblattes Pro- und Kontra-Argumente heraus. Notiere sie in einer Tabelle.

2. Schritt:
Pair

Wechsele in die Expertengruppe. Stelle dort deine Ergebnisse vor. Notiere neue Argumente in deiner Tabelle. Korrigiere Fehler.

3. Schritt:
Share

Wechsele zurück in die Stammgruppe. Stelle deine erweiterten und korrigierten Argumente den Gruppenmitgliedern vor.
Notiere neue Argumente, die in deiner Gruppe vorgestellt werden.

Material 5: Auszüge aus einem Internetforum, in dem über das Thema „Kinderlärm" diskutiert wird:

Käseloch sagt:
„Direkt neben meiner Wohnung befindet sich eine KiTa. Ich weiß also, wovon ich rede. Tobende und lachende Kinder sind ein Ausdruck von Lebensfreude. Dass man die gesetzlich erlauben muss, ist eine Schande."

Ist doch klar oder sagt:
„Jeder ist vor dem Gesetz gleich!
Gilt dieser Grundsatz noch, wenn Gesetze nicht mehr neutral gemacht werden?
Das tagtägliche Miteinander bedeutet auch, gegenseitig Rücksicht aufeinander zu nehmen.
5 Diese Rücksicht muss auch von den Eltern der Kinder eingefordert werden.
Viele Eltern erziehen ihre Kinder nicht mehr, vermitteln ihnen weder Werte noch stecken sie ihnen Grenzen, sondern lassen sie tun, was sie wollen: Hauptsache, sie haben ihre Ruhe.
Dies kann man jeden Tag aufs Neue feststellen.
10 Kinder-Lärm-Klage zu erschweren ist daher der falsche Weg. Man muss immer daran erinnern, wer Rechte hat, hat auch Pflichten. Doch Pflichten will keiner haben!"

Saska sagt:
„Kinderlärm hat sehr wohl mit Erziehung zu tun.
Ich habe im Laufe meines Lebens in unmittelbarer Nachbarschaft zu verschiedenen Familien gelebt und es gab Familien, in denen Kinder erzogen waren und nicht erzogen waren.
Es ist schon belastend, wenn Kinder ohne Regeln ungebremst Lärm machen.
5 Es hat mit Erziehung zu tun, wenn Kinder von den Eltern zum Respekt vor anderen Leuten erzogen werden und sich ruhiger verhalten, wenn der Nachbar Nachtschicht hat und tagsüber seinen Schlaf braucht oder alte Menschen ihre Ruhe brauchen.
Ich empfand es als sehr belastend, neben einer Familie mit mehreren Kinder leben zu müssen, die überhaupt keine Grenzen aufgezeigt bekamen und denen kein Benehmen beige-
10 bracht wurde. Wenn ein Kind auf einem fremden Grundstück steht und dem Besitzer mit ‚Du hast mir gar nichts zu sagen, sagt meine Mutter und mein Vater hat einen guten Anwalt' antwortet, kann man sich schon vage vorstellen, was da für ein soziales Wesen heranwächst."

Aus: Welt Online: Mehr Toleranz: Bundesregierung will Kinderlärmklagen erschweren, vom 16.8.2010 (Alle Beiträge wurden leicht gekürzt und moderat in der Rechtschreibung überarbeitet.)

Eine Argumentation entwerfen

 1. Schritt:
Think
Bildet Vierergruppen. Das ist eure Stammgruppe. Jeder in der Gruppe liest alle Behauptungen. Dann teilt ihr die Arbeit unter euch auf. Jeder formuliert ein Argument aus.

 2. Schritt:
Pair
Wechselt in eure Expertengruppen. Stellt dort eure Argumente vor. Korrigiert und ergänzt eure Argumente.

 3. Schritt:
Share
Wechselt zurück in die Stammgruppe. Stellt die verbesserten Argumente den anderen Gruppenmitgliedern vor. Verfasst gemeinsam einen Leserbrief. Präsentiert eure Arbeitsergebnisse in der Klasse.

Brauchen wir ein Gesetz gegen Kinderlärm?

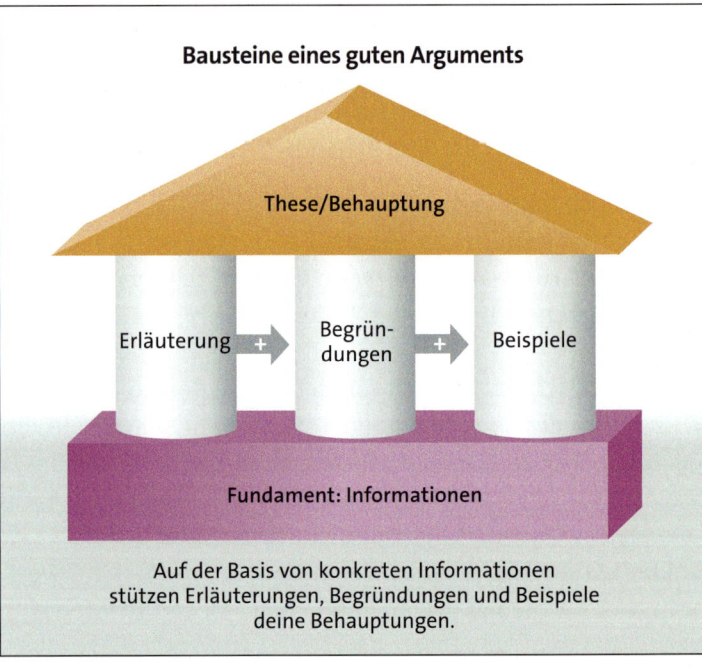

Bausteine eines guten Arguments

These/Behauptung

Erläuterung + Begründungen + Beispiele

Fundament: Informationen

Auf der Basis von konkreten Informationen stützen Erläuterungen, Begründungen und Beispiele deine Behauptungen.

Kontra: Es ist die Aufgabe der Eltern und Erzieher, den Kindern Rücksicht beizubringen und sie zu erziehen.

Warum ist Erziehung die Aufgabe der Eltern?

_____

_____

_____

Welche Beispiele belegen und veranschaulichen dein Argument?

_____

_____

_____

Pro: Kinder müssen lernen, Grenzen zu respektieren. Wenn die Eltern das nicht freiwillig tun und in der Erziehung versagen, dann brauchen wir ein Gesetz, dass die Eltern in die Pflicht nimmt.

Warum ist es für Kinder wichtig, Grenzen zu erfahren?

_____

_____

_____

Welche Beispiele belegen und veranschaulichen dein Argument?

_____

_____

_____

Kontra: Wenn Kinderlärm zum Problem wird, dann sollten die Betroffenen miteinander reden. Kinderlärm gehört schließlich zum Leben dazu. Die Betroffenen müssen lernen, toleranter zu sein.

Warum ist es besser, miteinander zu reden und Toleranz zu entwickeln?

_____

_____

_____

Welche Beispiele belegen und veranschaulichen dein Argument?

_____

_____

_____

Pro: Wer den ganzen Tag arbeitet, der hat einen Anspruch darauf, sich zu erholen. Wenn übermäßiger Kinderlärm dies nicht zulässt, dann müssen die Betroffenen ein Recht haben, sich gegen Kinderlärm zu wehren.

Warum ist das Recht auf Erholung und Ruhe unverzichtbar?

_____

_____

_____

Welche Beispiele belegen und veranschaulichen dein Argument?

_____

_____

_____

Zentrale Standards für die Kompetenzbereiche im Fach Deutsch
Schreiben:
- Argumente finden und formulieren
- Argumente gewichten und Schlüsse ziehen

Eine Argumentation überarbeiten

 1. Schritt: **Think** Bildet Vierergruppen. Das ist eure Stammgruppe. Jeder in der Gruppe bearbeitet einen Text und korrigiert die markierten Passagen.

 2. Schritt: **Pair** Wechselt in eure Expertengruppen. Stellt dort eure Korrekturen vor und prüft die Korrekturvorschläge.

 3. Schritt: **Share** Wechselt zurück in die Stammgruppe. Stellt die Besprechungsergebnisse der Expertengruppe den anderen Gruppenmitgliedern vor. Verfasst gemeinsam einen sprachlich korrekten Forenbeitrag.

Baustein *Ausdruck*

Die KiTa, die an mein Grundstück gebaut ist, betreibt eine „offene Pädagogik", das heißt unter anderem, die Kinder können selber schauen, ob sie nach dem Mittagessen ruhen wollen oder was anderes machen, was die meisten natürlich machen. Es ist Dauerlärm im Außengelände ohne eine merkbare Ordnung oder Beschäftigung, und das bei einer 120-Kinder-Einrichtung. Allerdings finde ich mich damit ab, denn ich bin hierher gezogen und hatte eine Ahnung davon, was mich erwartet (wenn auch nicht so krass – das war nicht vorstellbar). Jedenfalls: Aus der Zeit mit meinen eigenen Kindern weiß ich, dass Kinder Ordnung und Grenzensetzung in Wirklichkeit schätzen. Und wer nie Respekt und Rücksicht lernt, hat später im Erwachsenenleben ein böses Erwachen.

Und noch was: Lärm macht krank, auch Kinderlärm! Richtig, haben nicht vor gar nicht allzu langer Zeit die Erzieher in Kindertagesstätten gefordert, Kinderlärm als krankmachend anerkennen zu lassen?

Lärm kann man nicht nach gut und schlecht einstufen. Was sollen denn die Angestellten der Kindergärten machen, wenn der Lärm an ihrem Arbeitsplatz zu hoch ist?

Die verwendeten Forenbeiträge stammen aus dem Diskussionsforum: Welt Online: Mehr Toleranz: Bundesregierung will Kinderlärmklagen erschweren. Zugriff vom 2.10.2010. Alle Beiträge sind entsprechend der didaktischen Zielsetzung gekürzt und verändert.

Baustein *Satzbau*

(1) Dass neben uns linker Hand eine Familie mit Kindern wohnt und rechter Hand auch, wir also genau dazwischen. Ich selber habe bisher keine Kinder. (2) Nun darf ich mich nicht beschweren und tu dies auch nicht, da ich wie gesagt, es schon vorher wusste. (3) Die Kinder spielen bei schönem Wetter draußen im Garten und es geht auch am Wochenende den ganzen Tag, auch an sich kein Problem und ich beschwer mich auch nicht. (4) Nur wenn ich dann mitbekomme, dass der Älteste unkontrolliert brüllt und schreit, was mit Spielen nichts zu tun hat, denn seine beiden Schwestern schreien auch nicht so unkontrolliert herum, dann geht mir das manchmal auch auf den Senkel, zumindest, wenn ich von der Arbeit komme und abends nach einem anstrengenden Arbeitstag vielleicht doch gern mal ein wenig Ruhe hätte. (5) Nun ist es aber so, dass die Eltern nicht mal sagen, Kinder seid doch jetzt mal ein wenig leiser, ihr wohnt hier nicht alleine und natürlich gehört zum Thema Rücksicht und Respekt auch das Ruhebedürfnis anderer Menschen zu achten. (6) Ebenso natürlich ist es allerdings auch, dass Kinder im Eifer des Spieles schnell vergessen, gerade erst aufgefordert worden zu sein, etwas ruhiger zu bleiben.

Die nachfolgenden Hinweise sollen dir helfen, einen besseren Satzbau zu finden.

(1): Neben uns …
(2): Bevor ich hierhin gezogen bin, wusste ich …
(3): Es ist eigentlich kein Problem, dass …
(4): Trenne das Satzgefüge durch einen Punkt.
(5): Trenne das Satzgefüge durch einen Punkt.
(6): Ebenso natürlich ist es allerdings auch, dass Kinder …, obwohl sie eben erst …

Die verwendeten Forenbeiträge stammen aus dem Diskussionsforum: Welt Online: Mehr Toleranz: Bundesregierung will Kinderlärmklagen erschweren. Zugriff vom 2.10.2010. Alle Beiträge sind entsprechend der didaktischen Zielsetzung gekürzt und verändert.

Zentrale Standards für die Kompetenzbereiche im Fach Deutsch
Reflexion über Sprache:
- Satzstrukturen funktional verwenden
- Grammatische Kategorien in situativen Zusammenhängen verwenden

Einen Leserbrief überarbeiten

Baustein *Grammatik*

Die Kritik zielt ja in erster Linie auf KiTas in Wohngebiete.

In KiTa werden in der Regel Kindern im Vorschulalter betreut und die sind insbesonderes durch Eltern und Erziehern noch zu prägen. Kinder äußern sich im Spiel aber durch Laute und Geräusche. Wo sollen denn die KITAS und unsere kleine Kinder hin, ins Gewerbegebiet zwischen Fabriken und Autobahn?

Mich haben Kinder eigentlich noch nie gestört. Im Gegenteil, der Lärm von einem nahem Schulhof oder aus einem Kindergarten erinnert mich eigentlich angenehm an meine eigene Kindheit. Weniger schön finde ich den Lärm von jungen oder mittelalten Erwachsenen. Teilweise aus Unbedachtheit oder auch aus Rücksichtslosigkeit verursachen die mehr Lärm als jede KiTa, weil sie als Kinder und Jugendlichen nicht zur Rücksichtnahme erzogen worden sind. Es ist durchaus möglich, Kinder ihren Freiraum zu lassen und sie gleichzeitig so zu erziehen, dass sie später die Toleranz anderer nicht überstrapaziert.

Korrigiere die markierten Passagen in nebenstehender Tabelle.

Die verwendeten Forenbeiträge stammen aus dem Diskussionsforum: Welt Online: Mehr Toleranz: Bundesregierung will Kinderlärmklagen erschweren. Zugriff vom 2.10.2010. Alle Beiträge sind entsprechend der didaktischen Zielsetzung gekürzt und verändert.

Baustein *Rechtschreibung*

jahre hat die politik geschlafen, spielplätze wurden geschlossen, raum für kinder immer mehr eingegrenzt. die eltern haben eine computergeneration geprägt, immer weniger kinder sind in den sportvereinen. wie sollen die kinder dann ein respektvolles miteinander lernen, wenn wir es ihnen nicht vorleben? diese egogesellschaft ist echt zum kotzen und ein witz.

was soll das? unsere kinder sind unsere zukunft, wir haben früher auch im kindergarten oder auf dem spielplatz krach gemacht, oder haben alle hier nur in der sandkiste gehockt und löcher in die luft geschaut?

wenn ich so manche kommentare hier lese, frage ich mich echt, ob diejenigen gleich erwachsen und natürlich auch gleich korrekt erzogen aus dem Bauch ihrer Mama kamen! ja, kinder sind laut und machen krach, und ja, kinder sind anstrengend und manchmal nicht zu verstehen, aber hey, wir waren auch mal so, und bei manchen ist es noch gar nicht so lange her!

Jahre (Artikelprobe), die Politik, Spielplätze (Artikelprobe),

_____

_____

_____

_____

_____

_____

_____

_____

_____

_____

_____

_____

_____

_____

_____

_____

_____

_____

_____

In Forenbeiträgen wird die Rechtschreibung häufig vernachlässigt. Um Problemen mit der Großschreibung aus dem Weg zu gehen, schreiben viele Forenmitglieder kurzerhand jedes Wort klein. Das erschwert aber das sinnverstehende Lesen. Korrigiere und begründe die Schreibweise.

Die verwendeten Forenbeiträge stammen aus dem Diskussionsforum: Welt Online: Mehr Toleranz: Bundesregierung will Kinderlärmklagen erschweren. Zugriff vom 2.10.2010. Alle Beiträge sind entsprechend der didaktischen Zielsetzung gekürzt und verändert.

Bei offener Klassentür

Der Vorteil ist, dass die Schüler Lust bekommen, gut mitzumachen und dass ohne Ausnahme jeder in der Gruppe mitarbeiten muss.
Jan O., Klasse 10c

Wenn alle dazu schreiben, was sie wissen, kommt alles, was dazugehört, zusammen.
Laurel W., Klasse 10c

1. Schritt: Think

Laurel, Katja und Jan arbeiten in einem Dreierteam. Ihre Aufgabe ist es, wichtige Aspekte eines neuen Themas zu erfassen. Jeder notiert, was er für wichtig erachtet, leserlich in sein Placemat-Feld.

2. Schritt: Pair

Die drei stellen sich nacheinander ihre Gedanken vor und erläutern sie. In der Diskussion einigt man sich auf eine gemeinsame Position. Laurel moderiert das Gespräch und notiert zugleich die Diskussionsergebnisse im mittleren Feld der Placemat-Vorlage.

3. Schritt: Share

Katja und Laurel präsentieren der Klasse ihre Arbeitsergebnisse und erläutern den gefundenen Konsens, wie sie ihn im Gemeinschaftsfeld der Placemat-Vorlage protokolliert haben. Mit einer abschließenden Diskussion im Plenum endet die Planungsstunde zu einer neuen Unterrichtseinheit.

Kopiervorlage zur Einführung der Methode

Wie lernen wir?

1. Schritt: Think/Einzelarbeit in der Gruppe

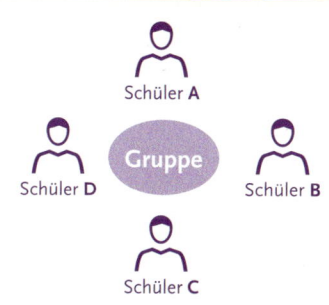

- Wir notieren unsere Ideen oder Arbeitsergebnisse in unserem Placemat-Feld.

2. Schritt: Pair/Teamarbeit in der Gruppe

- Wir stellen unsere Arbeitsergebnisse in der Gruppe vor.
- Wir einigen uns auf gemeinsame Positionen und notieren sie im Gemeinschaftsfeld.

3. Schritt: Share/Präsentation in der Klasse

Gruppe → Klasse

- Wir präsentieren unsere Arbeitsergebnisse in der Klasse.

Was lernen wir?

1. Schritt: Think/Einzelarbeit in der Gruppe

Das ist deine Aufgabe (Zeit: _____):

_____

_____

_____

_____

_____

2. Schritt: Pair/Teamarbeit in der Gruppe

Das ist deine Aufgabe (Zeit: _____):

_____

_____

_____

_____

_____

_____

_____

_____

3. Schritt: Share/Präsentation in der Klasse

Das ist deine/eure Präsentationsaufgabe (Zeit: _____):

_____

_____

_____

_____

_____

Auf dieser Seite finden Sie ...
- eine Ablaufskizze zur Kooperationsmethode,
- die Beschreibung einer Methodenvariante.

Was man über die Methode wissen sollte

Wie funktioniert die Methode?

Ablaufskizze

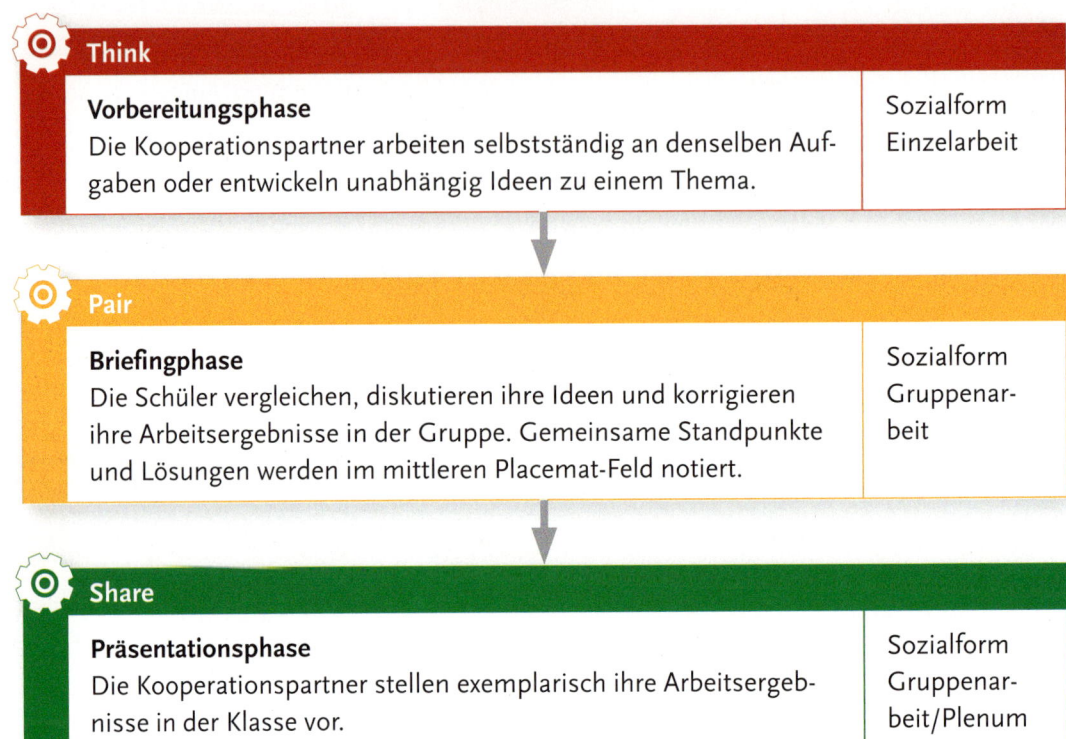

Think		
Vorbereitungsphase Die Kooperationspartner arbeiten selbstständig an denselben Aufgaben oder entwickeln unabhängig Ideen zu einem Thema.	Sozialform Einzelarbeit

Pair		
Briefingphase Die Schüler vergleichen, diskutieren ihre Ideen und korrigieren ihre Arbeitsergebnisse in der Gruppe. Gemeinsame Standpunkte und Lösungen werden im mittleren Placemat-Feld notiert.	Sozialform Gruppenarbeit

Share		
Präsentationsphase Die Kooperationspartner stellen exemplarisch ihre Arbeitsergebnisse in der Klasse vor.	Sozialform Gruppenarbeit/Plenum

Evaluationsphase
gegebenenfalls Diskussion der Ergebnisse als Grundlage für ein Planungsgespräch zur Unterrichtssequenz

Welche Varianten sind möglich?

Das Placemat läuft immer gleich ab. Varianten sind nur in der grafischen Gestaltung des Arbeitsblattes vorstellbar (drei bis maximal sechs Individualfelder im Placemat, je nach Gruppengröße).

Die Präsentation selbst kann jedoch methodisch variiert werden. Bei komplexen Arbeitsergebnissen empfehlen sich Kombinationen mit folgenden Kooperationsmethoden:

- Fishbowl-Übung,
- Kugellagerübung,
- Einer bleibt – drei gehen,
- 4-Corners.

Wenn Sie zwei Methoden koppeln, sollten Ihre Schüler bereits mit mindestens einer der beiden Methoden vertraut sein. Ansonsten führt die Häufung zweier komplexer Kooperationsmethoden zu einer unangemessenen Methodendominanz, hinter der die Auseinandersetzung mit den Inhalten zu sehr in den Hintergrund rückt.

Wie kann ich mit der Methode differenzieren?

Da jeder Lernpartner sich mit seinen eigenen Ideen, Argumenten und Problemlösungsansätzen einbringt, hat die Methode ein hohes Individualisierungspotenzial.

In der Erarbeitungsphase werden die lernstärkeren Schüler auf das Arbeitstempo der lernschwächeren Rücksicht nehmen und mit der Briefingphase warten, bis jeder sich mit Ergebnissen an der Synthese des inneren Pacemat-Feldes beteiligen kann. Damit diese Arbeitsphase nicht ausufert, empfiehlt es sich, ein festes Zeitfenster für die Arbeit am individuellen Placemat-Feld vorweg festzulegen. In dieser Phase wird es dann häufig so sein, dass nicht jeder Schüler sein Placemat-Feld in gleichem Umfang ausfüllen wird.

In der Briefingphase werden gemeinsame Vorschläge aus den individuellen Ansätzen von den Teams generiert. In der Implementierungsphase der neuen Methode sollten lernstärkere Schüler die Moderation und Ergebnissicherung im mittleren Placemat-Feld übernehmen.

Wann kann ich die Methode im Unterricht einsetzen?

Ein Placemat lässt sich immer dann einsetzen, wenn unterschiedliche Lösungen wahrscheinlich sind, also besonders ...

- zum Generieren von Ideen und Problemlösungsstrategien,
- zum dialektischen Argumentieren,
- zur Organisation einer Planungsstunde zu Beginn einer Unterrichtssequenz.

Welche Probleme können auftauchen und wie kann ich reagieren?

Ohne klare Aufgabenstellung läuft die Arbeit mit dem Placemat Gefahr, beliebig zu werden. Dann hat man eine aufwendige Methode angewendet und der unterrichtliche Ertrag ist enttäuschend. Grenzen Sie Ihr Placemat durch mindestens eine leitende Fragestellung ein. Klären Sie den Arbeitsauftrag in der Hinführungsphase, bevor Sie die Placemat-Vorlagen austeilen.

Ohne abschließende schriftliche Ergebnissicherung ist das Placemat als Organisationsform für eine Planungsstunde nicht zielführend. Ein Ergebnisprotokoll im Anschluss an die Diskussion ermöglicht in jeder Unterrichtsstunde einer Lernsequenz thematische Anbindung, Zieltransparenz und Zielidentifikation.

> **Tipp:**
>
> - Weisen Sie die Gruppen bereits zu Anfang der Unterrichtsstunde darauf hin, dass die Präsentationen nach dem Zufallsprinzip erfolgen werden und die Arbeitsergebnisse der präsentierenden Teams von der Klasse diskutiert und bewertet werden.
> - Damit das Placemat über die Meinungsbildung hinaus für das Lernen und die weitere Arbeitsplanung nutzbar gemacht werden kann, empfiehlt es sich, für die Präsentation und Ergebnisdiskussion hinreichend Zeit einzuplanen und die aus den Gruppenpräsentationen synthetisierten Ergebnisse als gemeinsame Schnittmenge der Lerngruppe schriftlich festzuhalten (Tafelbild, Protokoll etc.).

Auf dieser Seite finden Sie ...
- Hinweise zur Differenzierung,
- Empfehlungen zum praktischen Einsatz im Unterricht.

Welche Fachkompetenzen werden besonders gefördert?

Erschließungskompetenz
- Selbstständiges Arbeiten und Üben
- **Selbstständiges Erarbeiten neuer Unterrichtsinhalte**
- **Ideen, Gedanken generieren und strukturieren**

Urteilskompetenz
- **Analysieren und Bewerten fremder Arbeitsergebnisse**
- **Argumentieren**

Handlungskompetenz
- Ergebnisse präsentieren
- **Strukturiert kommunizieren**
- Ergebnisse visualisieren

Sich erfolgreich bewerben – Ein Gespräch auswerten

 **1. Schritt:
Think**   Lies den Dialog und fülle deine Spalte auf dem Arbeitsblatt aus. Notiere deine Gedanken in deinem Placemat-Feld.

 **2. Schritt:
Pair**   Stellt euch gegenseitig eure Notizen vor und formuliert gemeinsam euer Gruppenergebnis im mittleren Gemeinschaftsfeld.

 **3. Schritt:
Share**   Bereitet euch auf eine Präsentation der Arbeitsergebnisse vor.

Bewerbungsunterlagen? Das hatten wir doch im Deutschunterricht …

Nicola: Hallo Denise, wo warst du denn gestern? Ich habe dich gar nicht in der Schule gese-
hen. Warst du krank?

Denise: Nein, ich war beurlaubt. Ich habe ein Schnupperpraktikum in einem Betrieb gemacht, der Getriebeteile für die Autoindustrie herstellt.

5 **Tarek:** Du und Autos, das passt doch überhaupt nicht für Mädchen. Die Arbeit ist schwer
und dreckig.

Denise: Nein, überhaupt nicht. Das habe ich gestern erfahren.

Nicola: Was musstest du denn da machen?

Denise: Das war ganz cool. Also vormittags war ich mit den Azubis in der Lehrwerkstatt.
10   Das ist ein bisschen wie Schule. Aber die meiste Zeit wird praktisch gearbeitet. Jeder hatte da ein Werkstück, an dem er rumbastelte. Ich fand die Teile alle beeindruckend gut
gemacht. Ich meine, stell' dir das mal vor: Du bekommst einen kleinen Klotz Stahl und
sollst da eine ganz bestimmte Form rausschneiden … Na ja, der erste Eindruck täuscht
wohl, denn als der Ausbildungsmeister sich die Stücke anschaute, gab's auch Kritik … zu
15   ungenau und so. Da kommt's auf Genauigkeit an.

Tarek: … und nachmittags, wie ging es weiter?

Denise: Nachmittags war ich dann in der Produktion. Von wegen schmutzig, Tarek. Die
Produktionshallen sind blitzsauber. Die meisten arbeiten dort an hochmodernen compu-
tergesteuerten Maschinen. Die werden auf das Werkstück programmiert, das gerade her-
20   gestellt werden soll. Und die Zerspanungsmechaniker machen dann das, was der Meister
morgens mit den Azubis gemacht hat. Sie überwachen den Arbeitsprozess und kontrol-
lieren die Qualität des Produktes, … eben ob es keine Fehler hat und so.

Tarek: Gefällt dir die Arbeit?

Denise: Ja! Der Beruf ist gefragt und Zerspanungsmechanikerinnen werden richtig gut be-
25   zahlt. Wenn du gut bist, kannst du sogar ein Ingenieurstudium dranhängen. Klasse,
nicht wahr? Auf jeden Fall soll ich in den Schulferien noch ein dreiwöchiges Praktikum
machen und ihnen dann meine Bewerbungsunterlagen schicken.

Nicola: Bewerbungsunterlagen? Das hatten wir doch schon mal im Deutschunterricht …

Denise: Und ich hatte eine Fünf in der Klassenarbeit … Das ist das Problem.

30 **Tarek:** Und nicht nur deines, Denise.

❶ Kannst du Denise helfen, ihr Problem mit den Bewerbungsunterlagen zu lösen? Denk
darüber nach und schreibe deine Gedanken in dein Placemat-Feld.

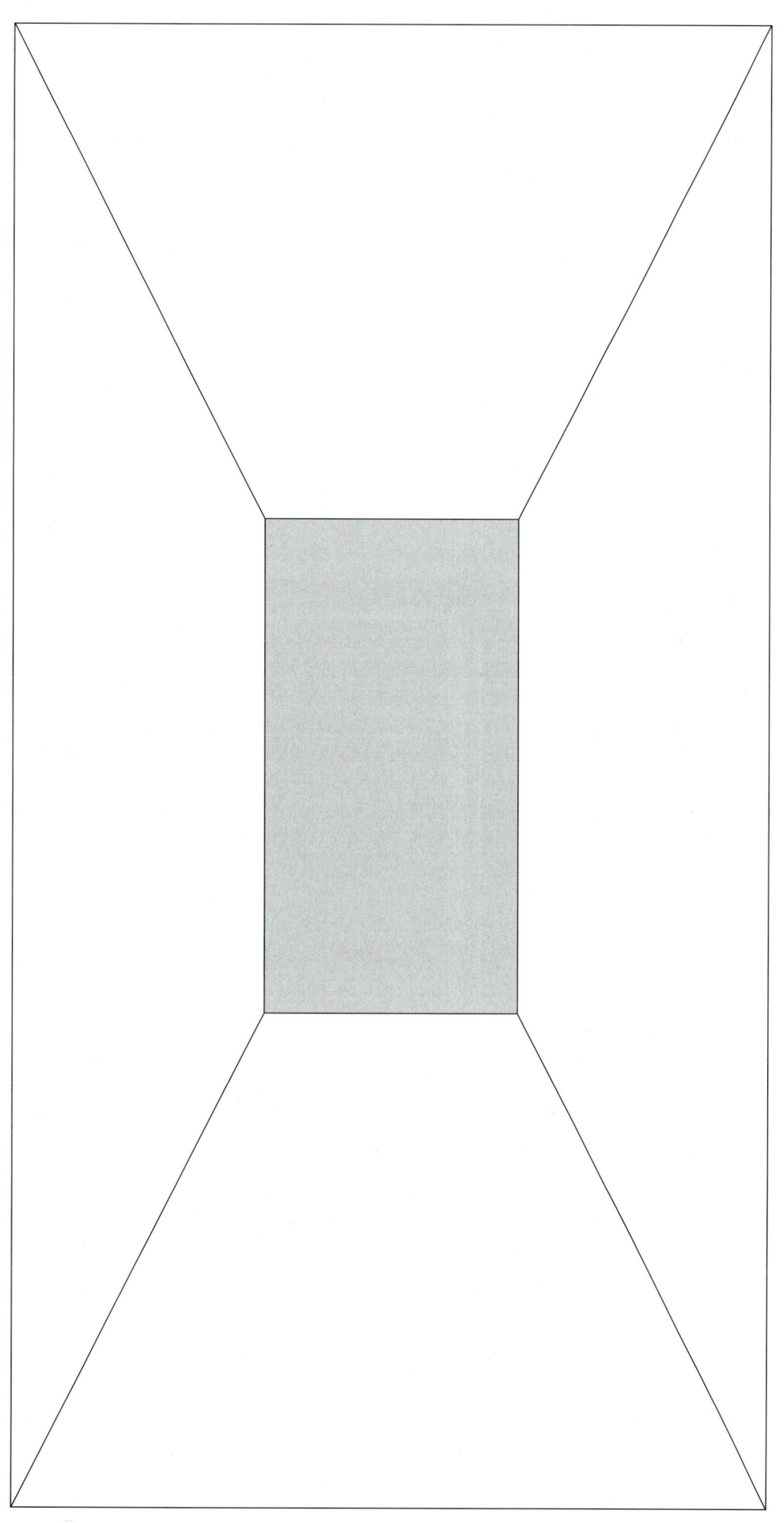

Was weißt du bereits über Bewerbungsunterlagen? Formuliere Tipps, die Denise helfen, ihr Problem zu lösen.

Zentrale Standards für die Kompetenzbereiche im Fach Deutsch

Lesen:

- Verfahren zur Textaufnahme kennen und nutzen: Aussagen erklären, Stichwörter formulieren
- Vorwissen und neue Informationen unterscheiden
- Verschiedene Textfunktionen und Textsorten unterscheiden

Mein Bewerbungsanschreiben – Ein Informationsgespräch vorbereiten

 1. Schritt: Lies den Dialog und fülle deine Spalte auf dem Arbeitsblatt aus.
Think Notiere deine Gedanken in deinem Placemat-Feld.

 2. Schritt: Stellt euch gegenseitig eure Notizen vor und formuliert gemeinsam
Pair euer Gruppenergebnis im mittleren Gemeinschaftsfeld.

 3. Schritt: Bereitet euch auf eine Präsentation der Arbeitsergebnisse vor.
Share

Achte auf saubere und übersichtliche Aufzeichnungen; sie erleichtern dir die Präsentation deiner Arbeitsergebnisse.

Info 1: Dein Bewerbungsanschreiben

Früher hatte das Anschreiben die Funktion eines Begleitschreibens. Heute hat seine Bedeutung dagegen erheblich zugenommen. Der Grund: Bei der großen Flut von Bewerbungen hat der Arbeitgeber gar nicht die Zeit, alle Bewerbungsunterlagen ausführlich zu lesen und zu bewerten. Deshalb dran denken: Das Anschreiben ist der
5 wichtigste Informationsträger. Es soll spontan begeistern.
Das Bewerbungsanschreiben präsentiert alle wesentlichen Informationen der gesamten Bewerbung auf einen Blick. Es zeigt Kenntnisse und Fähigkeiten und sollte Aufschluss über deine Persönlichkeit geben. Mit dem Anschreiben kannst du den bestmöglichen ersten Eindruck machen. Gelingt das, werden deine Unterlagen auch
10 gelesen.

Aus: Industrie- und Handelskammer des Saarlandes: Schule und was dann? Der Weg in den Beruf. mediaprint infoverlag gmbh, Mering 2010, S. 46

Info 2: Das muss rein

Auf welche Stelle du dich bewirbst und wie du auf die Stelle aufmerksam geworden bist (z. B. Inserat aus der Zeitung). Schreibe auch, wann du mit der Schule fertig bist und mit welchem Schulabschluss.
Nicht vergessen: Schreibe, dass du ein Vorstellungsgespräch möchtest. Vermeide
5 Floskeln oder Übertreibungen und halte das Schreiben möglichst kurz und knapp (max. 1 DIN-A4-Seite).

Aus: Industrie- und Handelskammer des Saarlandes: Schule und was dann? Der Weg in den Beruf. mediaprint infoverlag gmbh, Mering 2010, S. 46

1 Denise, Nicola und Tarek haben sich unabhängig voneinander über das Bewerbungsanschreiben informiert. Als sie sich nach der Schule treffen, erzählen sie sich, was sie in Erfahrung gebracht haben.
Versetze dich in einen der drei Schüler und notiere in deinem Placemat-Feld, was du über das Bewerbungsanschreiben aus den beiden Informationstexten gelernt hast.

Was hast du über das Bewerbungsanschreiben in Erfahrung bringen können?

Zentrale Standards für die Kompetenzbereiche im Fach Deutsch
Schreiben:
- Informationsquellen nutzen
- Stoffsammlung erstellen
- Wesentliche Inhalte aus linearen Texten zusammenfassen

Ein Bewerbungsanschreiben analysieren und bewerten

 1. Schritt: Lies das Bewerbungsschreiben und notiere Verbesserungsvorschlä-
Think ge in deinem Placemat-Feld.

 2. Schritt: Stellt euch gegenseitig eure Notizen vor und formuliert gemeinsam
Pair euer Gruppenergebnis im mittleren Gemeinschaftsfeld.

 3. Schritt: Bereitet euch auf eine Präsentation der Arbeitsergebnisse vor.
Share

Achte auf saubere und übersichtliche Aufzeichnungen; sie erleichtern dir die Präsentation
deiner Arbeitsergebnisse.

Zum Merken:

Absender ⇔ Ort, Datum
¶ (bedeutet Leerzeile)
¶
¶
Empfängeranschrift
¶
¶
¶
Bezugszeile
¶
¶
Anrede
¶
Anlass der Bewerbung
¶
Warum dieser Ausbildungs-
beruf?
¶
Warum dieses Unterneh-
men?
¶
Wann habe ich welchen
Abschluss erworben?
¶
Was qualifiziert mich für
den Ausbildungsberuf?
¶
Appell und Schlussformel
¶
Grußformel
¶
¶
Unterschrift (eigenhändig)
¶
¶
Anlage

Denise Müller   29. Januar 2011
Jühenplatz 3
33098 Paderborn

Zerspanungstechnik Groß
Industriegebiet 8
Paderborn

Ihre Anzeige „Ausbildung zur Zerspanungsmechaniker/in"

Sehr geehrte Damen und Herren,

als meine Klasse vor etwa einem Jahr das BIZ der Arbeitsagentur in Paderborn besuchte,
bin ich auf den Beruf der Zerspannungsmechanikerin aufmerksam geworden.
In verschiedene Praktika konnte ich mir ein Bild von diesem Beruf machen.

Bestimmt sind Frauen in diesem Beruf noch die Ausnahme, aber als ich in den letzten Sommerferien ein dreiwöchiges Praktikum bei Ihnen in der Firma gemacht hatte, konnte ich
feststellen, dass dort niemand ein Problem mit einer Frau in diesem Beruf hat. Das hat mir
sehr gut gefallen und mich in dem Gedanken bestärkt, mich um eine Ausbildung in Ihrem
Unternehmen zu bewerben.

Zwar habe ich im November insgesamt zwei Wochen im Unterricht gefehlt, das ist aber die
Ausnahme. Grund für mein Fehlen war ein kleiner Unfall. Bei einem Ausflug der Jugend-
feuerwehr bin ich ausgerutscht und habe mir das Wadenbein gebrochen, was inzwischen
aber überstanden ist.

Es würde mich sehr freuen, wenn sie mich zu einem Vorstellungsgespräch einladen würden.

Denise Müller

 Denise hat ihr erstes Bewerbungsanschreiben auf dem Computer geschrieben. Sie ist
sich aber noch unsicher, ob das alles so stimmt. Bevor sie es abschickt, will sie wissen,
was ihre Freunde davon halten. „Im Team", denkt Denise, „bekommen wir das schon
hin." Du gehörst dazu. Hilf Denise bei der Korrektur ihres Bewerbungsanschreibens.
Spüre mithilfe der Checkliste die Schwachstellen des Bewerbungsanschreibens auf und
notiere im Placemat, was besser gemacht werden muss.

Welche Fehler muss Denise noch berichtigen?

Zentrale Standards für die Kompetenzbereiche im Fach Deutsch
Reflexion über Sprache:
- Grundlegende Textfunktion erfassen: Appell
- Grundregeln der Rechtschreibung und Zeichensetzung kennen und anwenden

Drei-Schritt-Interview

Bei offener Klassentür

Der Vorteil bei dieser Methode ist, dass jeder etwas zu tun hat und auch zuverlässig sein muss, damit alle die wichtigen Informationen erhalten.
Sarah N., Klasse 9c

Man lernt, selbstständig zu arbeiten und nicht einfach alles von der Tafel abzuschreiben.
Elisabeth M., Klasse 9c

1. Schritt: Think

Olga, Katja und Mariam verfolgen aufmerksam einen Filmausschnitt. Jeder protokolliert Informationen zu bestimmten Aspekten und notiert Antworten zu Fragen, die zuvor von der Klasse gesammelt worden sind.

2. Schritt: Pair

Katja (rechts) interviewt Olga (links). Mariam (Mitte) protokolliert die Antworten.
Danach interviewt Olga Mariam und Katja protokolliert.
Dann ist Mariam an der Reihe. Sie interviewt Katja und Olga protokolliert.

3. Schritt: Share

Die Protokolle wurden in der Gruppe abgeglichen. Dann entschied sich die Gruppe, dass Olga und Mariam die wichtigen Ergebnisse im Rollenspiel dem Plenum vorstellen. Die Präsentation wurde als Fishbowl-Übung organisiert.

Kopiervorlage zur Einführung der Methode

Wie lernen wir?

1. Schritt: Think/Einzelarbeit

Schüler **A**   =   Schüler **B**   =   Schüler **C**

- Wir arbeiten alle an denselben Aufgaben.
- Wir arbeiten leise und konzentriert.

2. Schritt: Pair/Gruppenarbeit

Schüler **A** → Schüler **B** → Schüler **C**
interviewt   antwortet   protokolliert

- Wir bilden Dreier-Lernteams und interviewen uns gegenseitig:
  1. A interviewt B, C protokolliert.
  2. B interviewt C, A protokolliert.
  3. C interviewt A, B protokolliert.

3. Schritt: Share/Einzelarbeit, Partnerarbeit oder Gruppenarbeit vor der Klasse

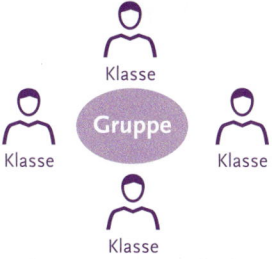

Klasse

Klasse **Gruppe** Klasse

Klasse

- Wir präsentieren unsere Arbeitsergebnisse im Sitzkreis.
- Wir hören aufmerksam zu und korrigieren Fehler.

Was lernen wir?

1. Schritt: Think/Einzelarbeit

Das ist deine Aufgabe (Zeit: _____):

_____
_____
_____
_____
_____
_____

2. Schritt: Pair/Gruppenarbeit

Das ist deine Aufgabe (Zeit: _____):

_____
_____
_____
_____
_____
_____
_____
_____
_____

3. Schritt: Share/Einzelarbeit, Partnerarbeit oder Gruppenarbeit vor der Klasse

Das ist deine/eure Präsentationsaufgabe (Zeit: _____):

_____
_____
_____
_____
_____

Auf dieser Seite finden Sie ...
- eine Ablaufskizze zur Kooperationsmethode,
- die Beschreibung einer Methodenvariante.

Was man über die Methode wissen sollte

Wie funktioniert die Methode?

Ablaufskizze

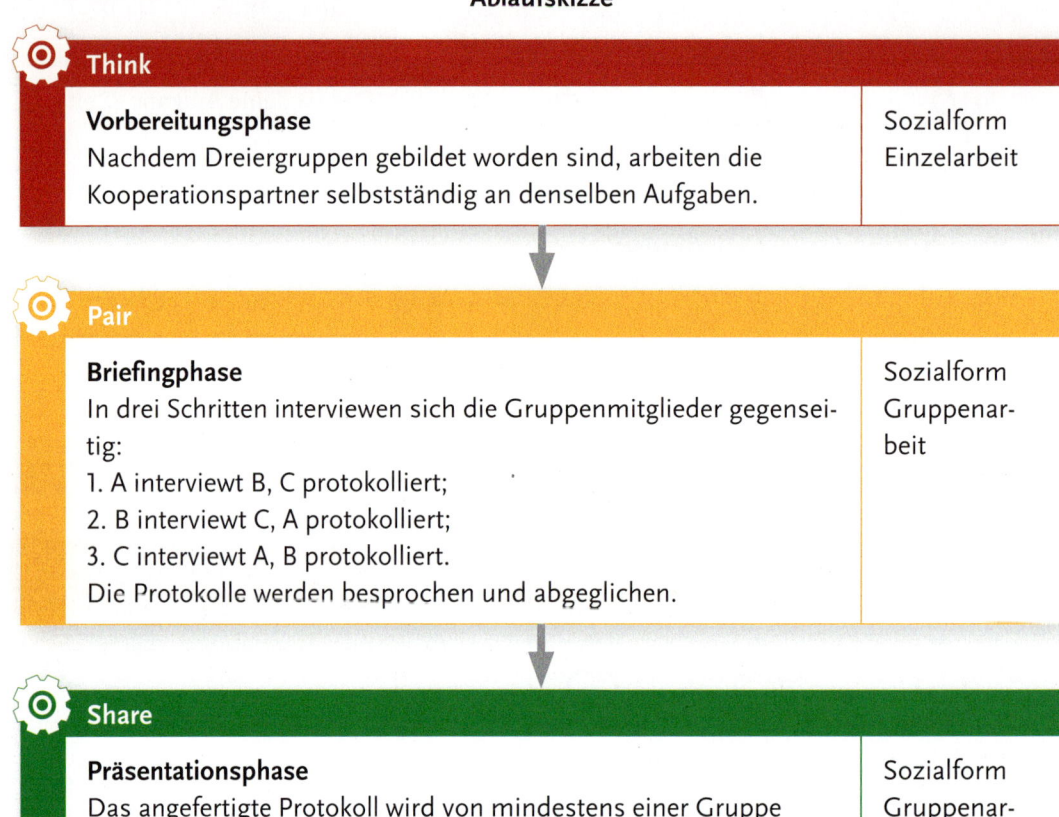

Think	
Vorbereitungsphase Nachdem Dreiergruppen gebildet worden sind, arbeiten die Kooperationspartner selbstständig an denselben Aufgaben.	Sozialform Einzelarbeit

Pair	
Briefingphase In drei Schritten interviewen sich die Gruppenmitglieder gegenseitig: 1. A interviewt B, C protokolliert; 2. B interviewt C, A protokolliert; 3. C interviewt A, B protokolliert. Die Protokolle werden besprochen und abgeglichen.	Sozialform Gruppenarbeit

Share	
Präsentationsphase Das angefertigte Protokoll wird von mindestens einer Gruppe exemplarisch in der Klasse vorgestellt und dort besprochen.	Sozialform Gruppenarbeit/Plenum

Evaluationsphase
Reflexion des Kooperationsverhaltens zur Optimierung der Teamfähigkeit

Welche Varianten sind möglich?

A: Ein Drei-Schritt-Interview kann bei komplexen Texten innerhalb der Gruppe arbeitsdifferent durchgeführt werden. In diesem Fall werden der Briefingphase arbeitsgleiche Expertengruppen vorgeschaltet, in denen die Arbeitsergebnisse verglichen, korrigiert oder ergänzt werden.
Vorteil:
- Komplexere Texte, Filme usw. können effizient erschlossen werden.

Nachteil:
- Die Methode wird durch den zusätzlichen Arbeitsschritt (Abgleich der Arbeitsergebnisse in den Expertengruppen) zeitaufwendiger.

B: Sie bilden drei arbeitsdifferente Gruppen, die jeweils ein Teilthema bearbeiten. Innerhalb dieser Gruppen werden die Arbeitsergebnisse abgeglichen. Dann werden mit Mitgliedern aus den drei Gruppen Dreierteams gebildet, die sich gegenseitig interviewen.
Vorteil:
- Die Kommunikation in großen Gruppen wird trainiert.

Nachteil:
- Die Methode funktioniert nur, wenn genau drei Teilthemen auf die Gruppen verteilt werden können.

Das **Drei-Schritt-Interview** ist eine Kooperationsform, die in erster Linie **arbeitsgleiche Gruppenarbeit** ermöglicht.

Wie kann ich mit der Methode differenzieren?

Die Erarbeitungsphase sollte innerhalb eines festen Zeitfensters erfolgen. Unterschiede in den Arbeitsergebnissen können in der Briefingphase ausgeglichen werden. In wechselnden Interviews werden dann Lücken von den Protokollführern geschlossen.

In heterogenen Lerngruppen sollten Sie die Zeit für die Briefingphase großzügig bemessen, damit auch lernschwächere Schüler die Chance haben, ordentlich zu protokollieren.

Das Protokoll der Arbeitsergebnisse ist Grundlage für die Präsentation. Sie sollte in der Gruppe arbeitsteilig durchgeführt werden, da diese Vorgehensweise den Arbeitsprozess der Dreiergruppe konsequent abschließt. In dieser Phase können präsentationserfahrene Schüler sich verstärkt einbringen und so präsentationsschwächere Schüler entlasten.

Wann kann ich die Methode im Unterricht einsetzen?

Das Drei-Schritt-Interview eignet sich besonders ...
- zum Erschließen neuer komplexer Unterrichtsinhalte,
- als Protokolltraining.

Welche Probleme können auftauchen und wie kann ich reagieren?

Wenn Schüler in der Vorbereitungsphase nicht ernsthaft mitarbeiten, kann das Interview nicht in der beschriebenen Form durchgeführt werden. Wenn Hinweise auf die Verantwortung für das Lernen der anderen nicht zu einer verbesserten Arbeitshaltung führen, empfiehlt es sich, den Schüler frühzeitig vom Kooperationsprozess auszuschließen.

Integrieren Sie in diesem Fall die beiden anderen Kooperationspartner in andere Dreierteams, dort werden dann Positionen doppelt besetzt.

Für den ausgeschlossenen Schüler sollten Sie eine alternative Aufgabe bereithalten, die ihm die Möglichkeit gibt, sein Verhalten zu reflektieren und zu bewerten.

> **Tipp:**
> - Weisen Sie bereits zu Anfang der Unterrichtsstunde darauf hin, dass die Arbeitsergebnisse Grundlage für die Interviews sind und nachlässige Arbeit in dieser Phase den Erfolg der Gruppe als Ganzes gefährdet.
> - Damit die Interviews Sinn machen, muss in der Vorbereitungsphase intensiv gearbeitet werden. Vorstrukturierungen durch Aufgaben und Fragen helfen besonders in der Implementierungsphase, den Erschließungsprozess zu steuern.

Auf dieser Seite finden Sie ...
- Hinweise zur Differenzierung,
- Empfehlungen zum praktischen Einsatz im Unterricht.

Welche Fachkompetenzen werden besonders gefördert?

Erschließungskompetenz
- Selbstständiges Arbeiten und Üben
- **Selbstständiges Erarbeiten neuer Unterrichtsinhalte**
- Ideen, Gedanken generieren und strukturieren

Urteilskompetenz
- **Analysieren und Bewerten fremder Arbeitsergebnisse**
- Argumentieren

Handlungskompetenz
- Ergebnisse präsentieren
- **Strukturiert kommunizieren**
- **Ergebnisse protokollieren**

Ein Gedicht im Kontext seiner Zeit verstehen

 **1. Schritt:
Think** Bildet Dreiergruppen. Jeder bearbeitet die Arbeitsaufträge zunächst für sich.

 **2. Schritt:
Pair** Interviewt euch abwechselnd in drei Runden, wobei die Rollen in jeder Runde getauscht werden: Einer stellt die Fragen, der Zweite antwortet, der Dritte hört zu und notiert die Informationen.

 **3. Schritt:
Share** Stellt eure Protokolle der Klasse vor und sprecht über die Ergebnisse.

Wie spiegelt die Literatur das Leben der Menschen und die Probleme ihrer Zeit wider?

Der Expressionismus (1910 bis 1925)

Zu Beginn des 20. Jahrhunderts entsteht in Deutschland eine neue literarische Stilrichtung, die den Namen Expressionismus erhält. Das Wort hat seinen Ursprung im Lateinischen; dort bedeutet „expressio" nichts anderes als Ausdruck. Der Expressionismus drückt in hektischen und oft dunkel oder bedrohlich wirkenden Sprachbildern die Lebenswahrnehmung einer jungen Generation aus, die sich in der Welt unwohlfühlt.
Dem enormen wirtschaftlichen Aufschwung durch Industrie und Technik stellt sie die Lebenswirklichkeit in den Städten und Vororten der Großstädte gegenüber, dem Reichtum des Bürgertums das Elend und die sozialen Probleme der Arbeiterschaft, die in den Fabriken und Mietskasernen ein elendes Leben fristeten. Aus einer distanzierten Perspektive, die in vielen Fällen ohne ein teilnehmendes lyrisches Ich auskommt, aber in einer gefühlsbetonten ausdrucksstarken Sprache üben viele Autoren Kritik an den gesellschaftlichen Zuständen ihrer Zeit und stellen zugleich die Frage, was den Menschen ausmacht.

Jakob Steinhardt: Die Stadt, 1913

1 Fasse die wesentlichen Merkmale der Epoche zusammen.

2 Mit welchen Problemen mussten sich die Menschen in jener Zeit auseinandersetzen?

Alfred Wolfenstein: Städter

Dicht wie die Löcher eines Siebes stehn
Fenster beieinander, drängend fassen
Häuser sich so dicht an, dass die Straßen
grau geschwollen wie Gewürgte stehn.

5 Ineinander dicht hineingehakt
sitzen in den Trams die zwei Fassaden
Leute, ihre nahen Blicke baden
ineinander, ohne Scheu befragt.

Unsre Wände sind so dünn wie Haut,
10 dass ein jeder teilnimmt, wenn ich weine.
Unser Flüstern, Denken ... wird Gegröle ...

– und wie still in dick verschlossner Höhle
ganz unangerührt und ungeschaut
steht ein jeder fern und fühlt: alleine.

Aus: Alfred Wolfenstein: Die gottlosen Jahre, S. Fischer
Verlag, Berlin 1914, S. 25

3 Wenn du nach diesem Gedicht ein Bild malen solltest, welche Motive, welche Farben müsstest du verwenden? Lies das Gedicht Strophe für Strophe vor und skizziere das Bild.

4 Was sagt das Gedicht über das Leben in dieser Zeit aus? Notiere aussagekräftige Textstellen.

5 Stell dir vor, du lebtest damals in einer Großstadt. Was würdest du über den Alltag und deine Gefühle in einem Tagebuch festhalten? Sammle Stichworte.

Zentrale Standards für die Kompetenzbereiche im Fach Deutsch

Lesen:
● An einem repräsentativen Beispiel Zusammenhänge zwischen Text, Entstehungszeit und Leben des Autors herstellen

Einen Vortrag über Literatur vorbereiten

 1. Schritt:
Think
Bildet Dreiergruppen. Jeder bearbeitet die Arbeitsaufträge zunächst für sich.

 2. Schritt:
Pair
Interviewt euch abwechselnd in drei Runden, wobei die Rollen in jeder Runde getauscht werden: Einer stellt die Fragen, der Zweite antwortet, der Dritte hört zu und notiert die Informationen.

 3. Schritt:
Share
Stellt eure Protokolle der Klasse vor und sprecht über die Ergebnisse.

Im Deutschunterricht wird ein Überblick über die Epochen der deutschen Literatur erarbeitet. Jeder spezialisiert sich auf eine Epoche, erarbeitet wichtige Informationen und bereitet sich auf eine Präsentation vor. Ein Schüler hat sich für den Expressionismus entschieden und eine PowerPoint-Präsentation als Visualisierung vorbereitet.

Expressionismus

gestaltet
von Frank

Expressionismus

- 1910 bis 1925
- literarische Stilrichtung
- expressio = Ausdruck

Expressionismus

- dunkel-bedrohliche Stimmung
- Hektik
- kein lyrisches Ich
- gefühlsbetonte, ausdrucksstarke Sprache

Expressionismus

- Kritik an Industrie und Technik
- Kritik an Großstadt
- Kritik am Reichtum des Bürgertums
- Kritik an ungerechten sozialen und gesellschaftlichen Zuständen

1 Analysiere den Vortrag mithilfe des Info-Kästchens.

2 Berichtige den Vortrag. Entwirf dazu zwei weitere PowerPoint-Folien.

3 Stellt euch eure Arbeitsergebnisse im Drei-Schritt-Interview vor.

Stimmt die Aussage?

Frank nennt zu Beginn das Thema.

Ja   O   Nein   O

Franks Vortrag hat eine klare Gliederung.

Ja   O   Nein   O

Die Informationen in seinem Vortrag stimmen.

Ja   O   Nein   O

Frank hält sich an das Wesentliche und verzichtet auf überflüssige Details.

Ja   O   Nein   O

Franks Vortrag endet mit einem nachdenklich machenden Schluss.

Ja   O   Nein   O

Ein guter Vortrag ist ...?

Ein Vortrag ist dann gut, wenn es mir gelingt, meine Zuhörer für das, was ich sage, zu interessieren. Das wird mir aber nur gelingen, wenn sie meinem Vortrag folgen können und die Informationen mit ihrem Vorwissen verknüpfen können. Deshalb ist es wichtig, darauf zu achten, ...

1. dass ich zu Beginn meines Vortrages das Thema nenne, über welches ich sprechen werde,
2. dass ich eine nachvollziehbare Gliederung habe,
3. dass meine Informationen richtig sind,
4. dass ich mich auf Wichtiges konzentriere,
5. dass ich einen interessanten Schlusspunkt setze.

Gliederung

Schlussbemerkung

Zentrale Standards für die Kompetenzbereiche im Fach Deutsch

Schreiben:
- Texte mithilfe von neuen Medien verfassen (PowerPoint)

Protokollieren, was andere vortragen

 1. Schritt: Think Bildet Dreiergruppen. Jeder bearbeitet die Arbeitsaufträge zunächst für sich.

 2. Schritt: Pair Interviewt euch abwechselnd in drei Runden, wobei die Rollen in jeder Runde getauscht werden: Einer stellt die Fragen, der Zweite antwortet, der Dritte hört zu und notiert die Informationen.

 3. Schritt: Share Stellt eure Protokolle der Klasse vor und sprecht über die Ergebnisse.

Wie protokolliere ich sinnvoll?

Ein Protokoll ist ein gut gegliederter Text, in dem die wesentlichen Inhalte eines Vortrages, einer Diskussion oder eines Interviews festgehalten werden.

1. Schritt: Vorarbeiten

Wer protokollieren will, braucht eine ordentliche Schreibunterlage und einen guten Stift. Die Seiten sollten einen überdurchschnittlich breiten Rand haben (den kannst du einfach falten), damit nachträgliche Ergänzungen ihren Platz finden.

- Notiere Thema, Anlass, Datum und den Namen des Referenten.

2. Schritt: Vorausdenken

Sinnvoll ist es, dass du dir bereits vor dem Protokollieren Gedanken über das Thema machst und überlegst, was du bereits darüber weißt. Je größer dein Vorwissen ist, desto besser wirst du die neuen Informationen verstehen, einordnen und mitschreiben können.

3. Schritt: Mitschreiben

Zu Beginn des Vortrages musst du besonders aufmerksam sein. Denn gute Redner erklären zu Anfang oft den Aufbau des Vortrags.

- Notiere den Aufbau und die Struktur des Vortrags. Sollte der Redner keinen Überblick über seinen Vortrag geben, dann musst du ihn im Nachhinein gliedern. Versuche dazu während des Vortrags, Strukturen zu erkennen, die dir helfen, Wichtiges von Unwichtigem zu unterscheiden. Achte dabei auf Gliederungen, die der Redner benutzt, auf Passagen, die er durch Betonung, Nummerierung usw. besonders hervorhebt. Diese Gliederungen kannst du in der Regel genauso übernehmen.
- Notiere wichtige Informationen in Stichworten oder kurzen Sätzen. Benutze nur Abkürzungen, die du später auch wieder entschlüsseln kannst.
- Wenn im Anschluss an den Vortrag eine Aussprache stattfindet, dann nutze diese Gelegenheit. Hast du etwas nicht richtig verstanden, dann frage jetzt nach.

4. Schritt: Nacharbeiten

Schreibe möglichst zeitnah zur protokollierten Veranstaltung dein endgültiges Protokoll.

- Dazu musst du zuerst zu den protokollierten Informationen Oberbegriffe suchen. So kannst du dein Protokoll gliedern.
- Dann müssen die Informationen den Oberbegriffen zugeordnet werden. Unwichtiges muss jetzt gestrichen werden.

Schließlich musst du deine Stichworte zu Sätzen umgestalten. Aus deinen Oberbegriffen solltest du Zwischenüberschriften ableiten.

1 Lies die vier Schritte und notiere nur, was du beim Protokollieren wirklich tun musst.

2 Entwirf mithilfe der gewonnenen Handlungsschritte ein Bewertungsschema für Protokolle.

3 Stellt euch eure Arbeitsergebnisse im Drei-Schritt-Interview vor.

Zu 1:

1. Schritt: Vorbereiten

- _____
- _____

2. Schritt: Vorausdenken

- _____

3. Schritt: Mitschreiben

- _____
- _____
- _____
- _____

4. Schritt: Nacharbeiten

- _____
- _____
- _____
- _____

Merkmale eines guten Protokolls	☺	☻	☹
Habe ich Thema, Anlass, Datum, Name des Referenten notiert?			

Zentrale Standards für die Kompetenzbereiche im Fach Deutsch
Reflexion über Sprache:
- Grundlegende Textfunktionen erfassen: Protokollieren
- Bedingungen für kommunikative Situationen im Alltag erkennen

Graffiti-Methode

Bei offener Klassentür

> Durch die Methode kann ich mir Dinge besser einprägen, weil ich immer ein paar Minuten Zeit habe, um mir das Thema mehrmals durchzulesen.
> *Lewan H., Klasse 7a*

> Mir gefällt, dass man seine eigenen Ideen aufschreiben und diese dann mit den Gruppenmitgliedern vergleichen kann.
> *Tim S., Klasse 7a*

1. Schritt: Think

Die Gruppen in der Klasse haben unterschiedliche Themen. Jeder in der Gruppe denkt über das Thema nach. Nico notiert als Erster in seiner Gruppe, was er bereits über das Thema weiß oder was er für wichtig hält. Peter beobachtet ihn dabei. Sobald Nico fertig ist, wird er das Plakat an Peter weiterreichen.

2. Schritt: Pair

Auf das Klingelzeichen des Lehrers hin wechselt die Gruppe im Uhrzeigersinn den Tisch. Dort findet sie ein Plakat mit einem neuen Thema.
Peter stellt vor, was die Vorgruppe bereits zum Thema geschrieben hat. Dann ergänzt jeder das neue Plakat.
Das wiederholt sich so oft, bis jede Gruppe wieder an ihrem Ursprungstisch angekommen ist.

3. Schritt: Share

Auf der Basis aller Informationen, die jetzt auf jedem Plakat zu lesen sind, bereitet sich die Gruppe auf eine Präsentation ihres Themas vor.
Dazu sichtet sie zuerst, was die anderen geschrieben haben, dann gibt sie den wichtigen Informationen eine Struktur, um sie verständlich vorstellen zu können.

Kopiervorlage zur Einführung der Methode

Wie lernen wir?

1. Schritt: Think/Einzelarbeit in der Gruppe

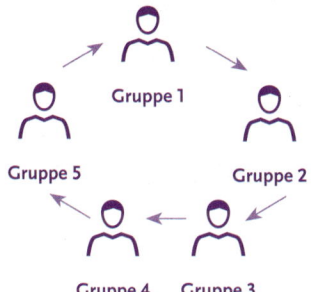

- Wir notieren unsere Ideen oder unser Vorwissen zu unserem Thema.

2. Schritt: Pair/Teamarbeit in der Gruppe

- Auf ein Zeichen unseres Lehrers wechseln wir im Uhrzeigersinn zum nächsten Gruppentisch, lesen, was die Vorgruppe(n) bereits notiert hat (haben), und ergänzen.

3. Schritt: Share/Präsentation in der Klasse

- Sobald wir wieder an unserem Ausgangspunkt angekommen sind, lesen wir, was die Gruppen zu unserem Thema geschrieben haben.
- Wir präsentieren die wichtigen Informationen.

Was lernen wir?

1. Schritt: Think/Einzelarbeit in der Gruppe

Das ist deine Aufgabe (Zeit: _____):

_____

_____

_____

_____

_____

_____

2. Schritt: Pair/Teamarbeit in der Gruppe

Das ist deine Aufgabe (Zeit: _____):

_____

_____

_____

_____

_____

_____

_____

_____

3. Schritt: Share/Präsentation in der Klasse

Das ist deine/eure Präsentationsaufgabe (Zeit: _____):

_____

_____

_____

_____

_____

_____

Auf dieser Seite finden Sie ...
- eine Ablaufskizze zur Kooperationsmethode,
- die Beschreibung einer Methodenvariante.

Was man über die Methode wissen sollte

Wie funktioniert die Methode?

Ablaufskizze

 Think

Vorbereitungsphase	Sozialform
Die Kooperationspartner arbeiten selbstständig an derselben Aufgabe. In jeder Gruppe notiert einer nach dem anderen sein Vorwissen und seine Gedanken zu einem Thema auf einem Plakat.	Einzelarbeit

 Pair

Briefingphase	Sozialform
Auf ein Zeichen des Lehrers wechseln alle Gruppen im Uhrzeigersinn zum nächsten Gruppentisch. Dort sichten sie, was die Vorgruppe zu ihrem Thema notiert hat, und ergänzen das Plakat. Das Verfahren wird so oft wiederholt, bis jede Gruppe wieder an ihrem Stammplatz angekommen ist.	Gruppenarbeit

 Share

Präsentationsphase	Sozialform
Nachdem die Ergänzungen der anderen Gruppen gesichtet worden sind, bereitet die Gruppe die Präsentation ihres Themas vor.	Gruppenarbeit/Plenum

Evaluationsphase
Reflexion des Kooperationsverhaltens zur Optimierung der Teamfähigkeit; gegebenenfalls Diskussion der Ergebnisse als Grundlage für die Ergebnissicherung

Welche Varianten sind möglich?

Ein Graffiti kann auch in allen Gruppen arbeitsgleich ablaufen. Jede Gruppe arbeitet dann am gleichen Thema. In diesem Fall geht es darum, unterschiedliche Lösungen zu Problemen wahrzunehmen und miteinander zu vergleichen.

Vorteil:
- Alle Arbeitsgruppen verfügen über denselben Wissensstand.

Nachteil:
- Die arbeitsgleiche Vorgehensweise ist nur bei komplexeren Problemen und offenen Aufgabenstellungen effektiv. Schwerpunkt der unterrichtlichen Arbeit muss dann in der Evaluationsphase ein Vergleich der Lösungsvorschläge sein. Für einfache Themen ist der Methodenaufwand zu hoch.

Die **Graffiti-Methode** ist eine Kooperationsform, die **arbeitsdifferente Gruppenarbeit** ermöglicht.

Wie kann ich mit der Methode differenzieren?

Da jeder Lernpartner sich mit seinem eigenen Vorwissen, seinen Argumenten und Problemlösungsansätzen einbringt, hat die Methode ein hohes Individualisierungspotenzial. Lernstarke Schüler werden sich quantitativ und qualitativ stärker einbringen. Davon profitieren die schwächeren Mitglieder der Gruppe.

Eine zeitliche Differenzierung erfolgt automatisch durch die hochgradig individualisierende Methodenstruktur.

Sollten Sie während der Erarbeitungsphase feststellen, dass die Arbeitsgruppen intensiv arbeiten und trotzdem im gesetzten Zeitrahmen nicht zum Ende kommen, dann räumen Sie ihnen mehr Arbeitszeit ein. Sie können jede Kooperationsmethode über mehrere Unterrichtsstunden laufen lassen. Dabei sollten Sie lediglich darauf achten, eine begonnene Arbeitsphase ruhig und geordnet abzuschließen. Lokalisieren Sie in der Folgestunde dann den Arbeitsstand im Methodenablauf (hierzu können Sie die entsprechende Kopiervorlage benutzen), lassen Sie einen Schüler wiederholen, was bereits getan wurde und was noch getan werden muss. So schaffen Sie die Anbindung an das bislang Erreichte und zugleich Zieltransparenz bezogen auf die aktuelle Unterrichtsstunde.

Wann kann ich die Methode im Unterricht einsetzen?

Die Graffiti-Methode eignet sich besonders ...

- zum Wiederholen bereits bekannter Unterrichtsinhalte,
- zur Aktivierung von Vorwissen,
- zur Anknüpfung an bereits bekannte Themen innerhalb einer curricularen Progression,
- zur Meinungsbildung und zum dialektischen Argumentieren,
- als strukturiertes Brainwriting.

Welche Probleme können auftauchen und wie kann ich reagieren?

Durch den zügigen Wechsel von Thema zu Thema, von Gruppentisch zu Gruppentisch ist es für den Lehrer schwer zu erkennen, ob alle Schüler in den Gruppen ernsthaft mitarbeiten. Sollte eine der Arbeitsgruppen besonders heftig diskutieren, dann ist dies vielleicht ein Zeichen dafür, dass die Kooperation nicht funktioniert. In diesen Fällen sollten Sie mit der Gruppe den Klassenraum verlassen, das Problem knapp thematisieren und der Gruppe die Chance zur Weiterarbeit einräumen.

Ansonsten empfiehlt es sich, während der Erarbeitungsphase von Gruppentisch zu Gruppentisch zu wandern, um die Arbeitsprozesse aus nächster Nähe mitverfolgen zu können.

> **Tipp:**
>
> - Da ein Graffiti nicht durch Fragen, Stichworte usw. vorstrukturiert ist, müssen die Themen so gewählt sein, dass Schüler aufgrund ihres Vorwissens auch eine reelle Chance haben, sich sinnvoll zu äußern. Deshalb sollten Sie sich in Zweifelsfällen im Vorfeld der eigentlichen Planung ein Bild über den Kenntnisstand und die Leistungsfähigkeit Ihrer Klasse machen.
>
> - Weisen Sie zu Beginn der Unterrichtssequenz darauf hin, dass die Präsentation der Arbeitsergebnisse nach dem Zufallsprinzip erfolgt. So wird jeder Schüler in der Erwartung, die Ergebnisse der Gruppe eventuell präsentieren zu müssen, aufmerksamer mitarbeiten.

Auf dieser Seite finden Sie ...
- Hinweise zur Differenzierung,
- Empfehlungen zum praktischen Einsatz im Unterricht.

Welche Fachkompetenzen werden besonders gefördert?

Erschließungskompetenz
- Selbstständiges Arbeiten und Üben
- Selbstständiges Erarbeiten neuer Unterrichtsinhalte
- **Ideen, Gedanken generieren und strukturieren**

Urteilskompetenz
- **Analysieren und Bewerten fremder Arbeitsergebnisse**
- Argumentieren

Handlungskompetenz
- **Ergebnisse präsentieren**
- **Strukturiert kommunizieren**
- Ergebnisse visualisieren

Didaktisch-methodischer Kommentar
Die inhaltliche Konzeption der Einheit führt die Schüler zur Textanalyse hin. Nicht wenige Schüler tun sich schwer mit der Analyse und Bewertung von Gedichten. Deshalb wird einfaches Orientierungswissen angeboten, das im kommunikativen Prozess der Kooperation praktisch erprobt werden kann.

Exemplarische Bedeutung
Rilkes Gedicht „Der Panther" gehört zu den Lyrik-Klassikern, die in kaum einer Anthologie fehlen. Das hat einen guten Grund:
Hinter seiner einfachen formalen Struktur, der inhaltlichen Schlichtheit eines scheinbar objektiven Dinggedichtes verbirgt sich die eindrucksstarke Allegorie menschlicher Existenz.
Deshalb birgt das Gedicht auch für Schüler aus leseferneren Schichten die Chance, dem Lyrischen auf die Spur zu kommen.

Ein Gedicht analysieren

1. Schritt:
Think

Bildet Tischgruppen. Jeder schreibt auf, was ihm zu den Strophen des Gedichtes einfällt. Vermeidet Wiederholungen: Was bereits notiert ist, muss nicht noch einmal geschrieben werden.

2. Schritt:
Pair

Wechselt im Uhrzeigersinn zum Plakat der nächsten Lerngruppe. Ein Gruppenmitglied stellt den anderen vor, was bereits notiert ist. Sprecht darüber und ergänzt gemeinsam die Informationen.

3. Schritt:
Share

Lest, was die anderen Gruppen auf eurem Plakat notiert haben, und bereitet eine Präsentation der Arbeitsergebnisse vor.

---

10 Formmerkmale von Gedichten

1. Ein Gedicht besteht aus **Strophen**.

2. Jede Strophe besteht aus **Versen**.

3. Die Strophen eines Gedichtes können **regelmäßig** oder **unregelmäßig** gebaut sein.

4. Die Verse einer Strophe können sich am Ende **reimen**.

5. Folgende Reime kommen häufig vor:
   - **Paarreim** (aabb)
   - **Kreuzreim** (abab)
   - **Umarmender Reim** (abba)
   - **Schweifreim** (aabccb)

6. In einem gereimten Gedicht heißt ein Vers ohne Reim **Waise**.

7. Der Vers ist rhythmisch gegliedert. Das **Versmaß** beschreibt den Rhythmus. Das Versmaß gibt die regelmäßige Folge von betonten und unbetonten Silben im Vers an.

8. Folgende Versmaße kommen häufig vor:
   - **Jambus**: unbetonte Silbe, betonte Silbe, unbetonte Silbe, betonte Silbe, …
   - **Daktylus**: betonte Silbe, unbetonte Silbe, unbetonte Silbe, betonte Silbe, unbetonte Silbe, unbetonte Silbe, …

9. Ein **Enjambement** verbindet die Strophen inhaltlich. Man erkennt es daran, dass der Satz nicht mit der Strophe endet, sondern in der nächsten Strophe fortgesetzt wird.

10. Die Wiederholung von ganzen Versen heißt **Kehrreim**.

Rainer Maria Rilke: Der Panther

Im Jardin des Plantes, Paris

Sein Blick ist vom Vorübergehn der Stäbe
so müd geworden, dass er nichts mehr hält.
Ihm ist, als ob es tausend Stäbe gäbe
5 und hinter tausend Stäben keine Welt.

Der weiche Gang geschmeidig starker Schritte,
der sich im allerkleinsten Kreise dreht,
ist wie ein Tanz von Kraft um eine Mitte,
in der betäubt ein großer Wille steht.

10 Nur manchmal schiebt der Vorhang der Pupille
sich lautlos auf –. Dann geht ein Bild hinein,
geht durch der Glieder angespannte Stille –
und hört im Herzen auf zu sein.

Aus: Karl Otto Conrady (Hrsg.): Das große deutsche Gedichtbuch,
Artemis und Winkler Verlag, S. 423

Zur Form des Gedichtes	**Zum Gehalt des Gedichtes**
Darüber solltest du nachdenken:	Darüber solltest du nachdenken:
• Strophen, Verse, regelmäßiger oder unregelmäßiger Bau • Versmaß • Reime • Bilder, Metaphern • ...	• Wovon handelt das Gedicht? • Was wird in den einzelnen Strophen beschrieben? • Aus welcher Perspektive erfolgt die Beschreibung? • Welche Stimmung vermittelt das Gedicht? • ...

Zentrale Standards für die Kompetenzbereiche im Fach Deutsch

Lesen:
- Vorwissen und neue Informationen unterscheiden
- Grundlegende Gestaltungsmittel erkennen und ihre Wirkung einschätzen
- Epische, lyrische und dramatische Texte unterscheiden und wesentliche Merkmale kennen

Eine Textanalyse zu einem Gedicht verfassen

 1. Schritt: Think Bildet Tischgruppen. Formuliert gemeinsam euren Teil der Textanalyse aus.

 2. Schritt: Pair Wechselt im Uhrzeigersinn zum Plakat der nächsten Lerngruppe. Ein Gruppenmitglied stellt den anderen vor, was bereits geschrieben wurde. Sprecht darüber und schreibt in das nächste Textfeld eure Textvariante.

 3. Schritt: Share Lest, was die anderen Gruppen auf eurem Plakat notiert haben, und formuliert einen optimalen Text. Präsentiert diesen der Klasse.

Checkliste zur Formanalyse von Gedichten

Didaktisch-methodischer Kommentar:
So können Sie die Plakate vorbereiten: Die Checkliste können Sie kopieren, in vier Teile zerschneiden und mit dem Arbeitsblatt auf der nächsten Seite auf die Plakate kleben, die Sie auf den Gruppentischen auslegen.

Wenn ihr eure **Einleitung** verfasst habt, dann solltet ihr folgende Fragen mit „Ja" beantworten können:
1. Haben wir in unserer Einleitung bibliografische Informationen (Autor, Titel, Textsorte, Erscheinungsjahr) stehen?
2. Haben wir das Thema des Gedichtes genannt (äußere Handlung und innere Handlung[1])?

Wenn ihr im **Hauptteil** die **formalen Besonderheiten** beschrieben habt, dann solltet ihr folgende Fragen mit „Ja" beantworten können:
3. Haben wir den Aufbau des Gedichtes (Strophen- und Versanzahl, regelmäßiger oder unregelmäßiger Bau) beschrieben?
4. Haben wir Versmaß, Reimschema und andere Auffälligkeiten des Gedichtes beschrieben?

Wenn ihr im **Hauptteil** die **inhaltliche Struktur** des Gedichtes beschrieben habt, dann solltet ihr folgende Fragen mit „Ja" beantworten können:
5. Haben wir den Inhalt jeder Strophe des Gedichtes wiedergegeben und die Stimmung, die Gefühle und Beweggründe der handelnden Person beschrieben?*

Wenn ihr euren **Schluss** verfasst habt, dann solltet ihr folgende Fragen mit „Ja" beantworten können:
6. Haben wir ein begründetes Urteil über die zentralen Aussagen des Gedichtes getroffen (Bedeutung des Themas heute, für mein Leben, ...)?

[1] Die äußere Handlung kann direkt aus den Strophen erlesen werden; die innere Handlung des Gedichtes, also die Stimmungen, Werte und Gefühle, über die das Gedicht spricht, steht nur selten direkt im Text. Sie muss durch Nachdenken erschlossen werden.

Schreibt zu Rilkes Gedicht „Der Panther" gemeinsam
- ❏ eine Einleitung,
- ❏ eine Formanalyse (Aufbau des Gedichtes),
- ❏ eine Formanalyse (Reimschema, Versmaß des Gedichtes),
- ❏ einen Schluss.

Kreuzt an, welchen Auftrag eure Gruppe hat.

Gruppe 1:

_____
_____
_____
_____
_____

Gruppe 2:

_____
_____
_____
_____
_____

Gruppe 3:

_____
_____
_____
_____
_____

Gruppe 4:

_____
_____
_____
_____
_____

Zentrale Standards für die Kompetenzbereiche im Fach Deutsch
Schreiben:
- Gedanklich geordnet schreiben
- Grundlegende Schreibfunktionen einsetzen: beschreiben
- Wesentliche Gestaltungsmittel untersuchen und darstellen

Eine Textanalyse zu einem Gedicht überarbeiten

 1. Schritt: Think Bildet Tischgruppen. Formuliert gemeinsam eine bessere Einleitung, einen besseren Hauptteil, einen besseren Schluss.

 2. Schritt: Pair Wechselt im Uhrzeigersinn zum Plakat der nächsten Lerngruppe. Ein Gruppenmitglied stellt den anderen vor, was bereits geschrieben wurde. Sprecht darüber und schreibt in das nächste Textfeld euren neuen Text.

 3. Schritt: Share Lest, was die anderen Gruppen auf eurem Plakat notiert haben, und formuliert einen optimalen Text. Präsentiert diesen der Klasse.

In den Texten stecken Fehler. Außerdem sind sie unvollständig. Findet und berichtigt die Fehler, ergänzt die Textbausteine und verwendet die Fachbegriffe.

Thema 1: Einleitung

> Rainer Maria Rilke hat im Jardin des Plantes diesen Text geschrieben. In Rilkes Gedicht handelt es sich um einen Panther, dem sein Leben in der Gefangenschaft immer mehr monoton wird.

Thema 2: Hauptteil (Aufbau, Reimschema, ...)

> Rilkes Gedicht „Der Panther" besteht aus drei Strophen. Die Strophen sind gleich aufgebaut. Jede Strophe hat vier Zeilen. Das Versmaß ist ein Jambus; betonte und unbetonte Silben wechseln einander ab.

Thema 3: Hauptteil (Inhalt)

> Rilke beschreibt in seinem Gedicht am Beispiel des Panthers die Folgen einer jahrelangen Gefangenschaft. In der ersten Strophe spricht Rilke vom Blick des Panthers, der die Welt hinter den Stäben nicht mehr erfassen kann. Die Gitterstäbe seines Käfigs haben die Welt dahinter ausgeschlossen.
> Die dritte Strophe bezieht sich sowohl auf die erste als auch auf die zweite Strophe. Sie verstärkt deren Aussagen. Denn gelegentlich scheint das Tier doch etwas wahrzunehmen und darauf zu reagieren, in dem es seinen ewigen Trott unterbricht und stehen bleibt. Doch alles, was wahrgenommen wird, erstirbt im Herzen des Tieres, es hört dort auf zu sein.

Thema 4: Schluss

> Mir hat das Gedicht nicht so gut gefallen, weil der Panther so traurig ist und es nicht gut ausgeht.

Korrigiert gemeinsam die Textanalyse zu Rilkes Gedicht „Der Panther".
❏ Einleitung
❏ Formanalyse (Aufbau, Reimschema, Versmaß, ...)
❏ Formanalyse (Inhaltsbeschreibung)
❏ Schluss
Kreuzt an, welchen Auftrag eure Gruppe hat.

Gruppe 1:

_____

_____

_____

_____

_____

Gruppe 2:

_____

_____

_____

_____

_____

_____

Gruppe 3:

_____

_____

_____

_____

_____

_____

Gruppe 4:

_____

_____

_____

_____

_____

_____

Zentrale Standards für die Kompetenzbereiche im Fach Deutsch
Reflexion über Sprache:
● Eigene und fremde Texte hinsichtlich Aufbau, Inhalt und Formulierung revidieren

Galerie-Gang

Bei offener Klassentür

> Wenn man diese Methode in der Schule anwendet, wird Verantwortung trainiert, denn die Gruppe verlässt sich darauf, dass man seinen Part erledigt hat.
> *Lorena L., 9b*

> Um erfolgreich in einer Gallerytour zu sein, sollte man auf jeden Fall Teamgeist mitbringen, denn ohne ihn wären wir mit der Zeit nie hingekommen.
> *Stefan R., Klasse 9b*

⊙ 1. Schritt: Think

Die Gruppen in der Klasse haben unterschiedliche Themen. In jeder dieser Stammgruppen wird die Arbeit von den Gruppenmitgliedern untereinander aufgeteilt. Jeder arbeitet in dieser Phase allein an seinem Teilthema.

⊙ 2. Schritt: Pair

Jeder in der Gruppe stellt den anderen die seiner Meinung nach wichtigen Informationen vor und erläutert seine Gestaltungsideen. In einer Diskussionsrunde einigt man sich auf einen Entwurf für die Präsentation und realisiert ihn auf einem Plakat.

⊙ 3. Schritt: Share

Durch Abzählen werden neue Gruppen für den Galerie-Gang gebildet. In jeder dieser Gruppen ist ein Experte aus den anderen Stammgruppen vertreten. Sie wandern von Plakat zu Plakat. Vor jedem Plakat erläutert der zuständige Experte das Thema seiner Gruppe. Dazu hat sich Laura, die hier präsentiert, mit allen Details des Themas ihrer Stammgruppe gründlich vertraut gemacht.

Kopiervorlage zur Einführung der Methode

Wie lernen wir? | **Was lernen wir?**

1. Schritt: Think/Einzelarbeit in der Gruppe

Schüler **A**
Schüler **D** — **Gruppe** — Schüler **B**
Schüler **C**

● Jeder in der Gruppe arbeitet an seinem Thema.

1. Schritt: Think/Einzelarbeit in der Gruppe

Das ist deine Aufgabe (Zeit: _____):

_____
_____
_____
_____
_____
_____

2. Schritt: Pair/Teamarbeit in der Gruppe

Schüler **A**
Schüler **D** — **Gruppe** — Schüler **B**
Schüler **C**

● Wir stellen unsere Arbeitsergebnisse in der Gruppe vor und gestalten gemeinsam eine Visualisierung für unsere Präsentation.

2. Schritt: Pair/Teamarbeit in der Gruppe

Das ist deine Aufgabe (Zeit: _____):

_____
_____
_____
_____
_____
_____
_____
_____
_____

3. Schritt: Share/Präsentation in gemischten Gruppen

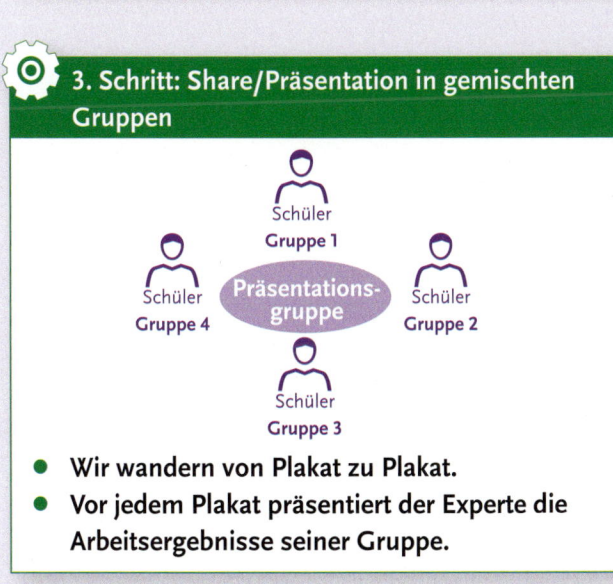

Schüler Gruppe 1
Schüler Gruppe 4 — **Präsentationsgruppe** — Schüler Gruppe 2
Schüler Gruppe 3

● Wir wandern von Plakat zu Plakat.
● Vor jedem Plakat präsentiert der Experte die Arbeitsergebnisse seiner Gruppe.

3. Schritt: Share/Präsentation in gemischten Gruppen

Das ist deine/eure Präsentationsaufgabe (Zeit: _____):

_____
_____
_____
_____
_____
_____

Auf dieser Seite finden Sie ...
- eine Ablaufskizze zur Kooperationsmethode,
- die Beschreibung einer Methodenvariante.

Was man über die Methode wissen sollte

Wie funktioniert die Methode?

Ablaufskizze

 Think

Vorbereitungsphase	Sozialform
Jede Gruppe bearbeitet einen Aspekt des Themas. Innerhalb der einzelnen Gruppen kann jeder dasselbe tun. Die Gruppe kann die Arbeit jedoch auch aufteilen.	Einzelarbeit

 Pair

Briefingphase	Sozialform
Die Schüler vergleichen, diskutieren und korrigieren ihre Arbeitsergebnisse in der Gruppe. Gemeinsam wird ein Plakat zur Visualisierung entworfen.	Gruppenarbeit

 Share

Präsentationsphase	Sozialform
Durch Abzählen werden neue Gruppen gebildet. In jeder Präsentationsgruppe ist ein Experte aus den verschiedenen Arbeitsgruppen. Die Präsentationsgruppen wandern von Plakat zu Plakat, der Experte stellt das Plakat seiner Gruppe vor.	Gruppenarbeit/Plenum

Evaluationsphase
Diskussion der Arbeitsergebnisse in den Präsentationsgruppen;
anschließend: Reflexion der Arbeitsergebnisse und des Kooperationsverhaltens in der Erarbeitungsgruppe

Welche Varianten sind möglich?

Die Klasse wandert geschlossen von Plakat zu Plakat. Vor jedem Plakat präsentiert die zuständige Arbeitsgruppe.

Vorteile:
- Der Lehrer nimmt an allen Präsentationen teil, er kann korrigierend eingreifen und die Präsentationsleistungen bewerten.

Nachteile:
- Die Präsentationsphase ist zeitaufwendig. Sie müssen in der Regel eine komplette Unterrichtsstunde hierfür einplanen.
- Im Unterschied zu dem vorgeschlagenen Verfahren, bei dem jeder Schüler das komplette Thema seiner Arbeitsgruppe vorstellen muss, präsentiert der einzelne Schüler in der Regel nur einen Teilaspekt seines Themas.
- Wenn die Präsentationen im Klassenraum als Gang von Plakat zu Plakat erfolgen sollen, wird dies zu beengten Verhältnissen führen, unter denen die Qualität der Vorträge leiden wird und in deren Folge Unterrichtsstörungen wahrscheinlich werden.

Ein **Galerie-Gang (Gallerytour)** ist eine Kooperationsform, die **arbeitsdifferente und arbeitsgleiche Gruppenarbeit** ermöglicht.

Wie kann ich mit der Methode differenzieren?

In der Erarbeitungs- und Briefingphase ist eine qualitative und quantitative Differenzierung möglich, wenn Sie darauf achten, dass in jeder Gruppe die Arbeit so aufgeteilt wird, dass lernschwächere Schüler einfachere Aufgaben übernehmen. Eine zeitliche Differenzierung erfolgt dann, wenn lernstärkere Schüler in der Gruppe auf lernschwächere warten oder sie unterstützen.

In der Präsentationsphase ist in der Regel keine Differenzierungsmöglichkeit vorgesehen: Jeder muss alles präsentieren!

Alternativ können Sie die Präsentationsgruppen doppelt besetzen. Dann haben die Experten der einzelnen Gruppen die Möglichkeit, sich die Präsentationsarbeit in Umfang und Anspruch untereinander aufzuteilen.

Wann kann ich die Methode im Unterricht einsetzen?

Ein Galerie-Gang eignet sich besonders
- zum Erarbeiten neuer Unterrichtsinhalte,
- zur zusammenfassenden Präsentation von Arbeitsergebnissen am Ende einer umfassenderen Unterrichtssequenz,
- zum Trainieren von Präsentationskompetenzen.

Welche Probleme können auftauchen und wie kann ich reagieren?

Präsentationsunerfahrene Schüler können mit dem Galerie-Gang selbst überfordert sein. Professionell präsentieren zu können ist eine Endqualifikation. Die Teilkompetenzen müssen schrittweise erworben werden.

Thematisieren Sie Kriterien einer guten Präsentation. Beginnen Sie Ihr Präsentationstraining mit wenigen Schwerpunkten und bauen Sie es kontinuierlich aus.

Regelmäßige Präsentationen führen automatisch zu einer veränderten Unterrichtskultur. Außerdem können Sie in der Implementierungsphase Entlastung schaffen, indem Sie jeweils zwei Schüler aus jeder Gruppe präsentieren lassen.

> **Tipp:**
>
> Ein Galerie-Gang ist eine kooperative Präsentationsmethode. Die Präsentation kann allerdings nur dann ein Erfolg werden,
> - wenn zuvor in den Gruppen ordentlich gearbeitet wurde,
> - wenn die Visualisierung ästhetisch gestaltet wurde,
> - wenn jeder Schüler präsentationssicher ist.
>
> Sollte Ihre Lerngruppe wenig Präsentationserfahrung haben, dann sollten Sie die erforderlichen Kompetenzen im Vorlauf mit Ihren Schülern trainieren. Dies kann zum Beispiel durch ein kriteriengestütztes Simulationstraining geschehen, in dem die Präsentation durchgespielt und besprochen wird. Dem Training folgt dann der Ernstfall, also der eigentliche Galerie-Gang.
>
> Weisen Sie die Gruppen bereits zu Anfang der Unterrichtssequenz darauf hin, dass jeder das komplette Thema seiner Arbeitsgruppe vorstellen wird und dass gegebenenfalls die individuelle Präsentationsleistung benotet wird.

Auf dieser Seite finden Sie ...
- Hinweise zur Differenzierung,
- Empfehlungen zum praktischen Einsatz im Unterricht.

Welche Fachkompetenzen werden besonders gefördert?

Erschließungskompetenz
- Selbstständiges Arbeiten und Üben
- **Selbstständiges Erarbeiten neuer Unterrichtsinhalte**
- Ideen, Gedanken generieren und strukturieren

Urteilskompetenz
- **Analysieren und Bewerten fremder Arbeitsergebnisse**
- Argumentieren

Handlungskompetenz
- **Ergebnisse präsentieren**
- **Strukturiert kommunizieren**
- **Ergebnisse visualisieren**

Informationen sammeln – Ein Bild beschreiben

**Didaktisch-metho-
discher Kommentar**
Ausgehend von
Rousseaus naiv-
impressionistischem
Bild „Der Traum" soll
eine Reflexion der
eigenen Lebenswirk-
lichkeit angeregt
werden, um kreatives
Schreiben zu motivie-
ren.

**Exemplarische
Bedeutung**
Rousseaus Bild steht
in der langen Tradition
artifizieller Utopien.
Der Traum von einer
besseren Welt hing
und hängt immer mit
den gesellschaftlichen
Defiziten der Gegen-
wart zusammen.
Jugendliche verspüren
diese vielleicht sogar
intensiver als Erwach-
sene. Deshalb hat
Unterricht an dieser
Stelle die Chance,
etwas zur Selbstrefle-
xion beizutragen und
den Zusammenhang
zwischen persönlicher
Befindlichkeit und
gesellschaftspoli-
tischer Wirklichkeit
aufzuklären.

 1. Schritt: Think — Bildet Stammgruppen. Jeder beschreibt einen Teil des Bildes und bearbeitet die Aufgaben.

 2. Schritt: Pair — Stellt euch gegenseitig eure Arbeitsergebnisse vor und bereitet gemeinsam eine Präsentation vor.

 3. Schritt: Share — Bildet gemischte Gruppen und wandert von Plakat zu Plakat. Der jeweilige Spezialist präsentiert die Arbeitsergebnisse seiner Gruppe.

Henri Rousseau: „Der Traum", 1910

Rousseau war nie in fremden Ländern. Allerdings träumte er sich in seiner Fantasie davon. Er malte viele Dschungelbilder. Um sich und sein Werk interessant zu machen, erzählte er herum, einer der wenigen Überlebenden einer Expedition in den mexikanischen Dschungel zu sein.

Das tust du allein:

1 Beschreibe deinen Bildausschnitt mithilfe des Arbeitsblattes.

Das tust du gemeinsam mit deiner Gruppe:

2 Wie viele Tiere sind auf dem Bild zu sehen? Legt die Puzzleteile des Bildes zusammen und beantwortet die Frage.

3 Wie sieht Rousseaus Traum von einem besseren Leben aus?

4 Wie wirkt das Bild auf euch?

5 Welche Träume haben junge Menschen heute? Sammelt die Sehnsüchte von Jugendlichen. Schreibt dann eine Geschichte dazu.

So ist mein Bildausschnitt aufgebaut:

Unten sehe ich ... _____

_____

_____

Oben sehe ich ... _____

_____

_____

Rechts sehe ich ... _____

_____

_____

Links sehe ich ... _____

_____

_____

Im Zentrum meines Bildausschnittes befindet sich ... _____

_____

_____

Besonders auffällig ist ... _____

_____

_____

Der Bildausschnitt wirkt folgendermaßen auf mich ... _____

_____

_____

_____

Zentrale Standards für die Kompetenzbereiche im Fach Deutsch
Lesen:
● Verfahren zur Textaufnahme kennen und nutzen: Stichwörter formulieren, wesentliche Darstellungsmittel eines Mediums und deren Wirkung kennen und einschätzen

Eine Plakatskizze entwerfen

 1. Schritt:
Think
Bildet Stammgruppen. Jeder markiert die wichtigen Informationen zur Plakatgestaltung.

 2. Schritt:
Pair
Stellt euch gegenseitig eure Arbeitsergebnisse vor und gestaltet mithilfe eurer Informationen gemeinsam einen Plakatentwurf zu Henri Rousseaus Bild „Der Traum". Benutzt dazu die Textfelder des Arbeitsblattes.

 3. Schritt:
Share
Bildet gemischte Gruppen und wandert von Entwurf zu Entwurf. Der jeweilige Spezialist präsentiert den Plakatentwurf seiner Gruppe. Die Zuhörer diskutieren, ob der Plakatentwurf den Merkmalen eines sinnvollen Plakates entspricht.

Merkmale eines sinnvollen Plakates

Die meisten Menschen lernen besser, wenn sie etwas gleichzeitig hören und sehen. Deshalb ist ein gute Visualisierung des Gesagten so wichtig. Plakate sind eine Möglichkeit zur Veranschaulichung eines Vortrages.

Wenn die Visualisierung erfolgreich sein soll, dann muss euer Plakat so gestaltet werden, dass es

1. den Aufbau des Vortrages und seine Struktur wie ein Inhaltsverzeichnis abbildet,
2. den Vortrag inhaltlich wiedergibt,
3. nur die wichtigsten Informationen enthält,
4. das beinhaltet, was nur schwer in Worten auszudrücken ist.

Wenn euer Plakat diese Anforderungen erfüllt, dann muss es so angelegt werden, dass seine Inhalte mühelos gelesen werden können. Das gelingt euch, wenn ihr auf folgende Gestaltungsregeln achtet:

- übersichtlicher Aufbau und ansprechende Gestaltung,
- Reihenfolge der Unterthemen (Leseverlauf von links nach rechts, von oben nach unten oder im Uhrzeigersinn),
- sinnvoller Einsatz von Farben (sparsam und einheitlich, z.B. Unterthemen in gleicher Farbe oder im Uhrzeigersinn),
- Schriftgröße (die Schlagzeilen eines Plakates sollten aus 2 Metern Entfernung zu lesen sein),
- schöne, gut leserliche Schrift,
- angemessenes Verhältnis von Texten und Bildern.

Der Vortragende kann jetzt mit einfachen Handbewegungen während seines Vortrages die Visualisierung aktivieren. Er selbst wird dann nicht von seiner eigentlichen Aufgabe, nämlich dem Vortrag selbst, abgelenkt. Seine Zuhörer nehmen mit einem kurzen Blick wahr, wo das Gesagte auf dem Plakat festgehalten ist, und verbinden es mit der Struktur des Vortrages. Sie können die Informationen mit der übergeordneten Struktur des Themas verbinden: So verstehen sie die Informationen besser und merken sich die Informationen eher.

Wichtig: Euer Vortrag wird nur ein Erfolg werden, wenn
1. das Plakat die genannten Merkmale aufweist,
2. ihr inhaltlich so sicher seid, dass ihr nicht vom Blatt ablesen müsst.
Deshalb muss eine gute Präsentation nicht nur **vorbereitet**, sondern auch **eingeübt** werden.

1 Denkt über folgende Fragen nach und gestaltet dann euren Plakatentwurf.
Wie soll unser Vortrag aufgebaut sein? Was soll wo auf dem Plakat stehen?
Welche Inhalte müssen auf das Plakat?
Welche Bilder und grafischen Elemente erleichtern das Verstehen unseres Vortrages
und müssen auf das Plakat?
Wie soll die Überschrift lauten?

2 Notiert eure Antworten in den Textfeldern, schneidet sie aus und klebt sie auf ein DIN-
A3-Blatt (Hochformat oder Querformat?).

3 Setzt Farben sinnvoll ein.

Zentrale Standards für die Kompetenzbereiche im Fach Deutsch
Schreiben :
- Einen Schreibplan entwickeln
- Formalisierte nicht lineare Texte verfassen

Überschrift

Bild (Skizze)

Wirkung des Bildes

_____
_____
_____
_____
_____
_____

Sehnsüchte von jungen Menschen

_____
_____
_____
_____
_____
_____
_____
_____
_____
_____
_____
_____

Rousseaus Traum vom besseren Leben

_____
_____
_____
_____
_____
_____

Unsere beste Geschichte (in der Skizze nur den Anfang notieren)

_____
_____
_____
_____
_____

Kerninformationen formulieren – Ein Plakat gestalten

 1. Schritt:
Think
Bildet Stammgruppen. Jeder bearbeitet mithilfe des Informationstextes das Arbeitsblatt.

 2. Schritt:
Pair
Stellt euch gegenseitig eure Arbeitsergebnisse vor und überarbeitet die Informationen eurer Plakatskizze. Gestaltet jetzt euer Plakat zu Henri Rousseaus „Der Traum".

 3. Schritt:
Share
Bildet gemischte Gruppen und wandert von Plakat zu Plakat. Der jeweilige Spezialist präsentiert das Plakat seiner Gruppe.

Vom Satz zur Kerninformation

Wenn ihr ein Plakat zur Visualisierung eures Vortrages gestalten wollt, müsst ihr zwei Probleme lösen.

1. Ihr müsst die Informationen auf eurem Plakat so formulieren, dass sie von euren Zuhörern mit einem Blick erfasst werden können.
2. Ihr müsst die Informationen so reduzieren, dass sie in großer und deutlicher Schrift auf ein Plakat passen.

Beide Probleme werdet ihr nur in den Griff bekommen, wenn es euch gelingt, aus langen Sätzen verständliche Stichwörter zu machen. Das geht so:

Möglichkeit 1:

Wenn es wichtig ist darzustellen, **wer etwas tut**, dann notiere die **Subjekte** des Satzes.
Beipiel:
Unten links im Bild liegt eine unbekleidete Frau auf einem Sofa, das im Dschungel steht. Sie ist umgeben von Blumen.

Möglichkeit 2:

Wenn es wichtig ist darzustellen, **was getan wird**, dann notiere das **Prädikat** des Satzes.
Beipiel:
Unten links im Bild liegt eine unbekleidete Frau auf einem Sofa, das im Dschungel steht. Sie ist umgeben von Blumen.

Möglichkeit 3:

Wenn es wichtig ist, **die genaueren Umstände einer Handlung zu bestimmen**, dann notiere die passenden **Objekte** und **adverbialen Bestimmungen**.
Beipiel:
Unten links im Bild liegt eine unbekleidete Frau auf einem Sofa, das im Dschungel steht. Sie ist umgeben von Blumen.

In der Regel wirst du die Möglichkeiten kombinieren müssen, um zu sinnvollen Aussagen zu gelangen.

1 Markiere in den folgenden Sätzen Subjekte, Prädikate, Objekte und adverbiale Bestimmungen. Benutze wie im Beispiel verschiedene Farben.

2 Formuliere daraus stichwortartige Aufzählungen, die zu den Leitfragen passen.

3 Überarbeitet gemeinsam die Notizen eures Plakatentwurfes.

Zu Aufgabe 1:

1. Die nackte Frau auf dem Sofa ist umgeben von wilden Tieren. Man erkennt bei genauer Betrachtung des Bildes zwei Löwen, eine Schlange und im Bildhintergrund einen Elefanten sowie mehrere Vögel.

2. Im Zentrum des Bildes steht kaum erkennbar ein Eingeborener, der mit dem umgebenden Urwald verwachsen scheint.

3. Er spielt auf einer goldenen Flöte und es scheint, dass er die wilden Tiere mit seinem Spiel zu sich lockt und zähmt.

4. Blick und Armhaltung der Frau weisen auf das Zentrum des Bildes, wo der Eingeborene mit seiner Flöte steht.

Zu Aufgabe 2:

Was geschieht in dem Bild?

- Nackte Frau liegt auf einem Sofa
- _____
  _____
- _____
  _____
- _____
  _____
- _____
  _____

Welche Tiere sind auf dem Bild zu erkennen?

- _____
  _____
- _____
  _____
- _____
  _____
- _____
  _____

Was tut der Eingeborene? Was tut die Frau?

- _____
- _____
- _____
- _____

Zentrale Standards für die Kompetenz-bereiche im Fach Deutsch
Reflexion über Sprache:
- Bedingungen und Regeln für kommunikative Situationen im Alltag kennen

Für all jene, die mehr über kooperatives Lernen wissen wollen ...

Ludger Brüning, Tobias Saum: Erfolgreich unterrichten durch Kooperatives Lernen. Strategien zur Schüleraktivierung. Neue Deutsche Schule Verlagsgesellschaft. Essen 2007

Ludger Brüning, Tobias Saum: Erfolgreich unterrichten durch Kooperatives Lernen, Band 2. Neue Strategien zur Schüleraktivierung, Individualisierung, Leistungsbeurteilung, Schulentwicklung. Neue Deutsche Schule Verlagsgesellschaft. Essen 2009

Norm Green, Kathy Green: Kooperatives Lernen im Klassenraum und im Kollegium. Das Trainingsbuch. Kallmeyersche Verlagsbuchhandlung. Seelze-Velber 2005

David W. Johnson, Roger T. Johnson, Edythe Johnson Holubec: Kooperatives Lernen – Kooperative Schule. Tipps – Praxishilfen – Konzepte. Verlag an der Ruhr. Mülheim an der Ruhr 2005

Kirsten Miehe, Sven-Olaf Miehe: Praxishandbuch Cooperative Learning. Effektives Lernen im Team. Dragonboard publishers im Verein für kooperatives Lernen e. V. Meezen 2005

Margit Weidner: Kooperatives Lernen im Unterricht. Das Arbeitsbuch. Erhard Friedrich Verlag. Seelze-Velber 2008

Andreas Müller M. A., geboren 1960, studierte an der Universität des Saarlandes Deutsch, Politik und Philosophie. Er unterrichtet zurzeit an einer Erweiterten Realschule im Saarland integrative Klassen, in denen Hauptschüler, Realschüler und Schüler mit Lernbeeinträchtigungen gemeinsam lernen. Seit etwa 10 Jahren schreibt er als Autor für den Schöningh Verlag und hat an zahlreichen Publikationen mitgearbeitet.